Eltern sein –

Die ersten Jahre

Ideen, Informationen
und Gesundheitstips
für die junge Familie

Egmont Pestalozzi Verlag, Erlangen

Impressum:

Herausgeber:

Barmer Ersatzkasse
Abteilung Marketing und Vertrieb
Untere Lichtenplatzer Str. 100–102
42289 Wuppertal
Tel. (0202) 5 68-18 02

Mehr Zeit für Kinder e.V.
Fellnerstraße 12
60322 Frankfurt am Main
Tel. (069) 15 68 96-0

Projektleitung und Redaktion: Astrid Deichmann,
Mehr Zeit für Kinder e.V.

Projektleitung BARMER: Brigitte Jochum

Fachliche Beratung BARMER: Dr. Gerd Glaeske, Ruth Rumke

Medizinische Beratung: Dr. med. Gunhild Kilian-Kornell,
Pressesprecherin des Berufsverbandes
der Ärzte für Kinderheilkunde und
Jugendmedizin Deutschlands e.V., Köln

Lektorat: Edith Jentner,
Egmont Pestalozzi Verlag

Autoren: Christiane Benthin, Susann Buchholz,
Astrid Deichmann, Karin Möhrlin,
Dorothee Moore, Kerstin Gemballa,
Heike Pinne, Ullrich Schaab,
Angelika Scheidemann

Layout und Illustration: Tobias Borries Studio, Offenbach

© 1999 BARMER und Mehr Zeit für Kinder e.V.
Printed in Slovakia
ISBN 3-614-53332-8

Das Buch ist nur bei der BARMER erhältlich,
nicht bei Mehr Zeit für Kinder e.V., im Buchhandel
oder beim Egmont Pestalozzi Verlag.

Vorwort

"Ab sofort sind wir morgens auch vor sieben Uhr zu erreichen!" stand vor einiger Zeit in einer Zeitungsanzeige zu lesen, mit der ein Elternpaar nicht ohne Augenzwinkern die Geburt seines Kindes bekanntgab. Gleich, ob es sich um den ersten Sprößling dieser

Liebe Eltern und werdende Eltern!

Eltern handelt oder ob sich die Familie mit dem Neuankömmling „nur" vergrößert – die Formulierung bringt auf den Punkt, daß sich mit der Geburt eines Kindes das Leben der Eltern von Grund auf ändert.

Das Talent von uns Erwachsenen, mit dieser neuen Situation zurechtzukommen, ist unterschiedlich groß. Deswegen sind Eltern gerade in den ersten Lebensjahren ihres Kindes besonders aufgeschlossen für nützliche Tips und Anregungen, die ihnen helfen, sich in diesem neuen Lebensabschnitt zurechtzufinden.

Genau dieses soll der vorliegende Ratgeber leisten. Dabei war es uns wichtig, nicht nur die Bedürfnisse des Kindes und den Umgang damit zu beleuchten, sondern auch im Blick zu behalten, daß Eltern in ihrer neuen Rolle aufgehen und nicht etwa „untergehen".

Jedes Kind ist genau wie jede Mutter und jeder Vater eine eigene Persönlichkeit mit höchst unterschiedlichen Stärken und Schwächen und natürlich auch Belastungsgrenzen. Daher erhebt dieser Ratgeber nicht den Anspruch, Ihnen Patentrezepte für das Miteinander von groß und klein zu geben. Für seine Glaubwürdigkeit war es uns wichtig, daß die Autoren die Elternrolle aus eigener Erfahrung kennen – also bestens wissen, worüber sie schreiben. In diesem Zusammenhang gilt unser ganz besonderer Dank den Sozialpädagogen, Erziehern und Ernährungsfachleuten des Vereins Mehr Zeit für Kinder.

Es hätte den Umfang des Buches gesprengt, wenn wir alle Aspekte des Themas gleichermaßen umfassend zu Papier gebracht hätten. Wir hoffen jedoch, die wichtigsten Fragen, die sich Ihnen im Familienalltag aufdrängen, zumindest gestreift zu haben. Wenn Sie sich ausführlicher informieren möchten, helfen Ihnen die angehängte Literaturliste und das Adreßverzeichnis bestimmt weiter.

Wir wünschen allen Eltern viel Glück und Freude beim Start in den neuen Lebensabschnitt und würden uns natürlich sehr freuen, wenn dieser Ratgeber ein klein wenig dazu beitragen könnte. Denn ein Leben mit Kindern ist vor allem eines: eine große Bereicherung. Auch wenn oder gerade weil Sie bis auf weiteres auch vor sieben Uhr morgens erreichbar sind ...

Ihre BARMER

Danke
Für die freundliche und geduldige Unterstützung bei der Herstellung dieses Buches bedanken wir uns bei Edith Jentner und Mark Kalshoven vom Egmont Pestalozzi Verlag.

Folgende Sponsoren haben durch ihre redaktionelle Einbindung dazu beigetragen, das Buch zu finanzieren: Braun Thermoscan, Fixies, Pestalozzi und Sidroga.

Inhalt

Das Kinderzimmer ist liebevoll eingerichtet, die Windeln liegen an Ort und Stelle, der Kinderwagen wartet auf die erste Ausfahrt. Wenn ein Baby auf die Welt kommt, haben seine Eltern meist alles prima geplant. Nur eines können sie nicht wirklich vorbereiten: sich selbst. Und so werden sie mit dem Tag der Geburt hineingeworfen ins ungewisse Leben zu dritt, sind von einem Moment auf den anderen nicht mehr nur Mann und Frau, sondern Vater und Mutter.

Plötzlich zu dritt

Wie war das Leben bis vor kurzem so einfach, damals in trauter Zweisamkeit! Hatten Sie Lust, abends essen zu gehen, dann gingen Sie einfach. Sonntags ausschlafen, noch eine Stunde länger im Bett liegen bleiben? Kein Problem. Ohne Nachwuchs war Ihr Leben von der organisatorischen Seite her gesehen sicher einfacher zu bewältigen. Es blieb mehr Zeit für Ihre eigenen Interessen. Keine Frage. Aber war Ihr Leben auch spannender, erfüllter, befriedigender – ohne Kind?

Vom Paar zur Familie

Spricht man mit Eltern, bekommt man eines immer wieder zu hören: Nichts hat ihr Leben so verändert wie die Geburt des ersten Kindes.

Fest steht: Mit der Geburt Ihres Kindes tun sich für Sie als Paar ganz neue Perspektiven auf. Von nun an treffen Sie Entscheidungen nicht mehr nur für zwei. Jeder Schritt, den Sie tun – oder lassen –, betrifft die ganze Familie. Viele Fragen müssen geklärt werden: Wer bleibt zu Hause? Wer ist wofür zuständig? Daraus ergeben sich neue Abhängigkeiten und Verantwortungen. Vielleicht gehören Sie zu den Paaren, bei denen plötzlich ein Partner finanziell vom anderen abhängig ist, während der andere nun als Alleinverdiener die materielle Last auf seinen Schultern trägt.

Die Freizeit bekommt einen neuen Stellenwert. Wieviel Zeit bleibt für Sie selbst, für Sie als Paar, für die Familie? Wie soll, wie kann sie genutzt werden? Ihr Kind zwingt Sie als Eltern aber auch, sich ernsthaft über die Zukunft Gedanken zu machen. Auf einmal sind Sie und Ihr Partner ganz eng miteinander verbunden – ob Sie nun als Paar zusammenleben oder nicht.

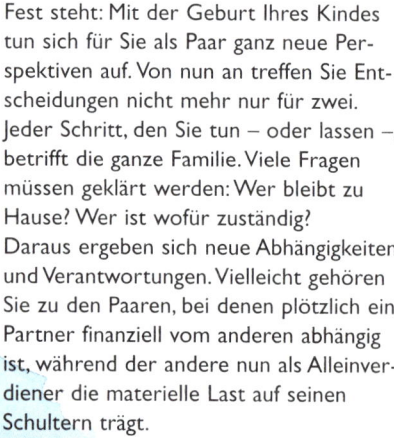

Sicherlich – die erste Zeit nach der Geburt ist für viele frischgebackene Eltern kein Zuckerschlecken. Aber sie ist auch ungeheuer faszinierend und aufregend zugleich. Lust und Frust, beides gehört dazu, wenn aus zweien plötzlich drei werden.

Wenn Sie hin und wieder Frust verspüren angesichts der neuen Situation oder sich überfordert fühlen, sind Sie kein Rabenvater und keine Rabenmutter. Hören Sie sich um, und Sie werden merken: Den meisten Eltern geht es ähnlich. Wichtig ist die Bereitschaft, sich auf die neue Situation einzulassen und gewisse Abhängigkeiten zu akzeptieren. Der Blick zurück führt zu nichts. Außerdem gewinnen Sie mit der schrittweisen Entwicklung Ihres Kindes wieder mehr Raum für sich und für eigene Aktivitäten.

Es gibt leider keine Rezepte, wie aus einem glücklichen Paar eine glückliche Familie wird. Jedes Paar ist einzeln gefordert und muß seinen Weg finden, den neuen Alltag zu gestalten. Das ist besonders für jene ein Thema, in deren Liebesbeziehung der Alltag bisher weitgehend ausgespart war. Jetzt heißt es: Arbeitsteilung festlegen, feste Absprachen treffen und Kompromisse finden. Das ist nicht immer einfach. Doch je intensiver Sie es versuchen, desto wahrscheinlicher werden aus Ihnen zufriedene Eltern.

Den Alltag arrangieren

Wer ständig an seiner Unabhängigkeit von früher hängt und der vergangenen Freiheit nachtrauert, versperrt sich und dem Partner den Blick für ein neues, faszinierendes Leben.

Bei allem Sinn für die Familie ist es aber ebenso wichtig, daß Sie sich zwischendurch bewußt abgrenzen und einfach nur wieder Mann und Frau sind. Das bedeutet: Alleine ausgehen, gemeinsam etwas unternehmen und über Dinge reden, in denen die Vokabeln Kind und Erziehung nicht vorkommen. Aber auch mit Ihrem Säugling ist Zweisamkeit möglich, zum Beispiel bei einem gemeinsamen abendlichen Spaziergang. Eine Runde mit dem Kinderwagen empfinden viele Paare als angenehm und entspannend. Wenn möglich, planen Sie einen festen gemeinsamen Abend pro Woche ein, Ihren privaten Stammtisch sozusagen. Schaffen Sie sich Inseln zum Auftanken. Dazu gehört auch mal wieder ein Wochenende zu zweit, an dem Sie ausschlafen und einfach mal tun und lassen können, was Sie wollen. Falls Sie keine Großeltern oder sonstigen Verwandten in der Nähe haben, die einen Wochenend-

Inseln zum Auftanken

dienst in Sachen Kinderbetreuung übernehmen: Scheuen Sie sich nicht und sprechen Sie mit anderen Eltern in ähnlicher Situation. Die sehnen sich sicher ebenfalls nach Abwechslung. Vielleicht läßt es sich arrangieren, daß Sie gegenseitig auf Ihre Kinder aufpassen (siehe auch Kapitel „Kleine Kinder gehören am besten zur Mutter - oder?")

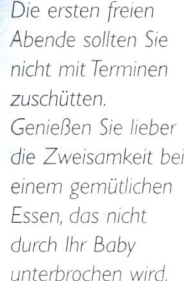

Die ersten freien Abende sollten Sie nicht mit Terminen zuschütten. Genießen Sie lieber die Zweisamkeit bei einem gemütlichen Essen, das nicht durch Ihr Baby unterbrochen wird.

Insbesondere für Frauen ändert sich nach der Geburt eines Kindes sehr viel. Die meisten haben heute eine abgeschlossene Berufsausbildung, sind selbständig und selbstbewußt. Sogar wenn Frauen berufstätig sind, bleibt ihnen der

Neue Rollen

Großteil der Erziehung überlassen. Umfragen zeigen, daß 90% der Kinder unter 15 Jahren hauptverantwortlich von ihren Müttern betreut werden. Fast immer bleibt die Frau bei ihrem Kind und übernimmt die Erziehungsaufgaben. Natürlich leiden nicht alle Frauen unter dem Abschied vom Berufsleben. Viele sind sogar froh, dem täglichen Termindruck oder auch einfach der langweiligen Routine für eine Weile Adieu zu sagen. Sie beobachten fasziniert, wie sich ihr Kind von Tag zu Tag verändert, und genießen die neue verantwortungsvolle Aufgabe.

Doch wie bei jeder anderen Tätigkeit kann auch hier die Begeisterung irgendwann den Nullpunkt erreichen. Kein Wunder, handelt es sich bei dem Beruf Hausfrau und Mutter doch um einen 24-Stunden-Job! Wer behält da schon immer Nerven und gute Laune? Trotzdem müssen Sie sich dem Frust nicht einfach so hingeben.

Wie Sie sich in Ihrer neuen Rolle fühlen, hat viel damit zu tun, was Sie daraus machen. Wenn Sie sich zu Hause eingesperrt fühlen und fehlende soziale Kontakte beklagen, sollten Sie bewußt die

Raus aus der Isolation

Isolation durchbrechen. Möglichkeiten gibt es viele. Beinahe in jedem Ort existieren Eltern-Kind-Gruppen, Krabbelgruppen, Stillgruppen. Wer sich wo trifft, erfahren Sie bei Kirchen, beim Kinderarzt oder manchmal auch in der örtlichen Presse. Finden Sie in Ihrem Ort tatsächlich keine Gruppe, oder sind alle überfüllt? Dann gründen Sie doch selbst eine! Es gibt Literatur, die sowohl organisatorische als auch inhaltliche Fragen beantwortet (siehe auch Kapitel „Literaturliste").

Vielleicht gehören Sie aber zu den Frauen, denen solche Treffen nicht ausreichen und die bemängeln, daß auch dort das im Mittelpunkt steht, was Sie ohnehin den ganzen Tag umgibt: das Kind. Wenn Sie neben Ihrem Baby gerne auch noch etwas anderes sehen und hören möchten, schaffen Sie sich einen persönlichen Freiraum. Natürlich ist das oft einfacher gesagt als getan. Doch selbst wenn Sie

In Eltern-Kind-Gruppen können Sie sich mit anderen austauschen und gleichzeitig spielerisch die Entwicklung Ihres Kindes fördern.

nicht auf hilfreiche Dritte zurückgreifen können und obendrein einen Partner haben, der stark beruflich engagiert ist, stecken Sie nicht sofort den Kopf in den Sand. Klopfen Sie lieber Ihr Umfeld immer wieder aufs Neue darauf ab, ob sich nicht doch etwas ändern läßt. Vielleicht gibt es eine Frau in Ihrer Nähe in ähnlicher Situation? Warum nicht gegenseitig die Kinder hüten? Und wenn es anfangs nur einmal für eine Stunde ist? Oder für einen regelmäßigen Termin einen Babysitter engagieren? (Siehe hierzu auch das Kapitel „Kleine Kinder gehören am besten zur Mutter - oder?" Dort finden Sie auch unkonventionelle Lösungen der Kinderbetreuung.) Nutzen Sie darüber hinaus die Schlafphasen Ihres Kindes konsequent für sich: zum Beispiel für eigene Interessen und Hobbys, die Sie in der Nähe Ihres Kindes ausführen können. Wenn Sie planen, nach dem Erziehungsurlaub in Ihren alten Beruf zurückzukehren, bleiben Sie am Ball: Halten Sie Kontakt zu alten Kollegen, lesen Sie Fachzeitschriften, tun Sie etwas für die Fort- und Weiterbildung. Es gibt vielfältige Angebote, etwa über Fernunterricht, Fernsehen, Video oder auch CD-Rom. Oder möchten Sie die Babypause für ein besonderes Engagement nutzen – in der Politik, in Bürgerinitiativen oder im sozialen Bereich? Vielleicht fällt es Ihnen zunächst schwer, etwas für sich zu tun, weil Sie sich vom Mutter- und Hausfrauendasein ausgelaugt fühlen. Wenn Sie sich überwinden, geht es Ihnen bestimmt bald besser. Daß eine ausgeglichene und zufriedene Mutter auch dem Baby gut tut, kann in diesem Zusammenhang nur wieder betont werden.

Geht es um den neuen Alltag mit Kind, ist meist nur von den Frauen die Rede. Aber auch auf die Männer kommt einiges zu. Sie müssen sich ebenfalls mit alten Rollenklischees auseinandersetzen: Sie gehen aus dem Haus und verdienen das Geld. Nehmen sie Erziehungsurlaub und sind Hausmann, dann zählen sie zu den wenigen Exoten hierzulande.

Eine neue Rolle kommt jedoch auch auf jene Väter zu, die weiter ihrem Beruf nachgehen. Sie tragen nicht mehr nur die Verantwortung für sich, sondern müssen plötzlich eine Familie ernähren. Damit geraten sie schnell unter zweifachen Druck. Engagieren sie sich stark in ihrem Job, löst das zu Hause nicht unbedingt Begeisterungsstürme aus. Denn dieses Engagement geht zwangsläufig zu Lasten der Familie. Damit die Familie nicht zu kurz kommt, können junge Väter – auch wenn sie berufstätig sind – einiges tun:

Vater werden – Vater sein

- Der Vater kann die junge Mutter entlasten, indem er im Haushalt hilft und nachts aufsteht, um ihr das Baby zum Stillen zu bringen. Er sollte in der ersten Zeit besonders liebevoll zur gestreßten jungen Mutter sein.
- Der Partner sollte es ermöglichen, daß die junge Mutter phasenweise alleine sein kann – ohne Kind und Vater.
- Wenn es finanziell machbar ist, könnten Sie eine Haushaltshilfe engagieren. Damit sind Sie beide entlastet.

Beide Elternteile können sich zwar während des dreijährigen Erziehungsurlaubs bis zu dreimal abwechseln, aber äußere Umstände führen vielfach dazu, daß das, was der Gesetzgeber erlaubt, nur selten in die Tat umgesetzt wird.

Termin „Kind"

Je mehr Sie sich mit Ihrem Kind beschäftigen, desto sicherer werden Sie, desto besser erkennen Sie seine Bedürfnisse. Das macht kompetent und stolz.

Viele Väter, die sich gerade in der Anfangszeit nur wenig ihrem Nachwuchs gewidmet haben, bereuen dies später sehr. Irgendwann merken sie, daß ihnen unwiederbringliche Erlebnisse und Erfahrungen entgangen sind. Damit es Ihnen nicht so geht, müssen zwei Voraussetzungen gegeben sein: Sie haben Lust, Ihr Kind kennenzulernen, und Ihre Partnerin läßt Ihnen die Chance dazu. Manche Mütter nehmen den Vätern nämlich von vornherein alle Aufgaben ab im Glauben, sie könnten es selbst ohnehin viel besser.

Wenn sich beide Elternteile im Erziehungsurlaub abwechseln können, erlebt jeder von Ihnen hautnah mit, wie sich Ihr Kind entwickelt. Aber auch wenn Sie als Vater tagsüber außer Haus sind, können Sie viele Dinge übernehmen: Abends wickeln Sie Ihr Kind oder baden es. Auch nachts sind Sie gefragt. Sie können Ihrer Frau das Kind ans Bett bringen, wenn es Hunger hat, es nachts wickeln oder ihm die Flasche, den Schnuller oder den Teddy geben.

Gehen Sie doch später mit Ihrem Kind einmal zum Kinderturnen, in die Krabbelgruppe, in die Spielgruppe oder auf einen Kindergeburtstag. Wenn nicht anders möglich, nutzen Sie dafür einen Gleittag, bauen Sie Überstunden ab oder nehmen Sie ruhig einen Tag Urlaub. Sie erfahren bei so einer Gelegenheit viel über Ihr Kind, seine Freunde und sein Leben.

Ein wesentliches Problem, das alle frisch gebackenen Eltern vereint, ist der Schlafmangel. Die Verursacher, die Babys, sind allerdings komplett unschuldig, denn sie müssen erst ihren Tag- und Nachtrhythmus finden. Und auch, daß sie alle paar Stunden

Die neue Late-Night-Show

Hunger bekommen und dies laut kundtun, ist völlig normal. Schließlich gab es bis vor kurzem im Mutterleib noch Nahrung rund um die Uhr. Jetzt muß Ihr Baby erst lernen, daß es tagsüber seine aktive Phase und nachts seine Ruhezeit haben soll. Sie können ihm dabei helfen. Wechseln Sie je nach Tageszeit bewußt die Atmosphäre. Tagsüber liegt das Baby im Hellen. Auch zum Schlafen wird der Raum nicht abgedunkelt. Wenn es wach ist, lachen und spielen Sie mit Ihrem Baby. Gehen Sie dagegen nachts viel ruhiger und leiser mit ihm um, spielen Sie nicht mit ihm und verzichten Sie – wenn möglich – auf das nächtliche Wickeln. So werden die nächtlichen Schlafphasen Ihres Kindes allmählich länger.

Viele Babys stehen etwa ab sechs Monaten die Nacht ohne Flasche oder Brust durch. Das bedeutet jedoch nicht unbedingt, daß die Nacht für Sie und das Baby ruhig verläuft. Wie Erwachsene wachen auch Babys zwischendurch immer mal wieder auf. Ruhige Babys schlafen alleine wieder ein. Andere weinen und rufen, weil sie nicht zurück in den Schlaf finden.

Erwarten Sie keine Wunder. Wenn ein Baby bereits sechs bis acht Stunden ohne Mahlzeit aushält, gilt das als Durchschlafen.

Einige Tips, wie Sie Ihrem Kind und sich zu einer ruhigen Nacht verhelfen:
Legen Sie Ihr Kind ins Bett, wenn es richtig müde, aber noch im Wachzustand ist. Sorgen Sie für ein tägliches liebevolles Einschlafritual, und gehen Sie danach konsequent aus dem Zimmer.

Lernziel „Schlafen"

Wenn Ihr Baby weint, trösten Sie es, streicheln Sie es, nehmen Sie seine Hand, aber nehmen Sie es nicht immer wieder aus seinem Bett.

Geben Sie ihm tagsüber die Liebe und Zuwendung, die es braucht. Es soll spüren, daß auf Sie Verlaß ist und daß es nicht allein gelassen wird.
Auch wenn's manchmal schwer ist: Bemühen Sie sich um eine entspannte Atmosphäre. Ihr Kind spürt negative Stimmungen und wird noch nervöser. Atmen Sie in kritischen Momenten lieber am offenen Fenster dreimal tief durch, bevor Sie sich Ihrem Kind zuwenden.
Manche Babys haben Angst im Dunkeln. Lassen Sie in diesem Fall die Tür einen Spalt offen oder installieren Sie ein Nachtlicht. Auch ein Schmusetier zum Kuscheln kann die Angst vertreiben.

Das Bett ist ein Ort, an dem sich Ihr Kind wohlfühlen soll. Nur so wird es gut einschlafen und durchschlafen. Lassen Sie Ihr Kind deshalb nicht minutenlang darin schreien und setzen Sie das Bett nicht als Strafe ein – nach dem Motto: „Wenn du nicht brav bist, gehst du ins Bett".

Viele Eltern meinen es zu gut und packen ihre Kinder nachts dick ein oder drehen die Heizung auf. Sorgen Sie dafür, daß die äußeren Bedingungen stimmen: Die Zimmertemperatur sollte bei 18 Grad liegen. Decken Sie Ihr Kind warm, aber nicht zu dick zu. Erschrecken Sie nicht über die kalten Hände Ihres Babys, das ist völlig normal. Messen Sie mit Ihrer Hand in seinem Nacken. Dort können Sie fühlen, ob Ihr Kind schwitzt oder ob ihm tatsächlich zu kühl ist.
Um hin und wieder das eigene Schlafdefizit abzubauen, wechseln Sie sich mit der nächtlichen Betreuung ab. Am Wochenende kann der berufstätige Partner die Nachtschicht übernehmen und sogar eventuell mit dem Baby in einem anderen Raum schlafen. Wird der Säugling noch gestillt, kann die Mutter vor dem Schlafengehen Milch abpumpen, die dann der Vater in der Nacht füttert. Sie werden sehen, eine durchgeschlafene Nacht wirkt Wunder!

Es ist wie verhext. Nimmt der Bauch-
umfang im Laufe der Schwangerschaft
zu, erleben einige Paare ihre Sexualität
nicht mehr so erfüllend. Jetzt, nach der
Entbindung, ist Ihr Bauch zwar weg, aber
vielleicht mag die altbekannte Lust aufeinander sich dennoch nicht so recht einstellen. Die unruhigen Nächte sind
sicherlich mit ein Grund dafür. Insbesondere Frauen fallen abends todmüde ins
Bett – in Gedanken vielleicht schon bei
der nächsten Stillmahlzeit, die sie gleich
wieder unsanft aus dem Schlaf reißen
wird. Auch Männer müssen sich an den
neuen Schlafrhythmus erst gewöhnen,
besonders wenn sie nachts ihr Kind
ebenfalls betreuen. Für Sex sind viele
frischgebackene Eltern schlichtweg zu
müde. Aber es hat auch andere Ursachen, daß die Lust auf sich warten läßt.
Es gibt Frauen, die nach dem einschnei-
denden Erlebnis der Geburt eine gewisse
Zeit benötigen, bis sie wieder ein gutes
Körpergefühl entwickeln: Vielleicht fühlen
Sie sich noch recht unförmig oder unat-
traktiv. Aber auch Schmerzen, zum Beispiel durch einen Scheidenriß oder einen
Damm- oder Kaiserschnitt, belasten.
Hinzu kommen Auswirkungen durch
die Hormonumstellung nach der Geburt.
Der veränderte Östrogenspiegel ist mit
ein Grund dafür, daß die Scheide extrem
trocken ist und Schmerzen
beim Geschlechtsverkehr
auftreten können. Letzte-
res führt übrigens häufig
zu Mißverständnissen und gegenseitigen
Vorwürfen.
Auch die Männer müssen sich in der
neuen Situation erst zurechtfinden. Manche ziehen sich zurück, weil ihre Frau
plötzlich nicht mehr nur Geliebte, sondern auch Mutter ist. In dieser neuen
Rolle müssen sie ihre Frau erst kennen-
und liebenlernen. Das braucht Zeit.

*Um Mißverständnis-
sen vorzubeugen, ist
es wichtig, daß beide
Partner über die kör-
perlichen Vorgänge
nach der Geburt
Bescheid wissen.*

**Sexualität –
da war doch noch was**

*Manche Frauen wollen
nach der Geburt von
Sex erst einmal nichts
wissen, sehnen sich
aber nach Wärme,
Zärtlichkeit und
Geborgenheit.*

Solange der Wochenfluß anhält, ist das
Thema Geschlechtsverkehr aufgrund
der Infektionsgefahr tabu. Danach muß
jedes Paar für sich herausfinden, wie es
gemeinsam wieder lustvolle Sexualität
entwickelt. Allgemeine Empfehlungen
gibt es leider nicht. Aber keine Panik:
Ihre Befürchtung, das alte Gefühl und die
alte Lust werden sich viel-
leicht nie wieder einstellen,
ist unbegründet. Dennoch
erfordert die erste Zeit viel Geduld –
von beiden Partnern. Je weniger Sie sich
unter Druck setzen, desto schneller finden Sie zu Ihrer alten Intimität. Bei den
meisten Frauen kehrt die Lust mit der
ersten Periode und/oder dem Abstillen
wieder zurück. Wichtige Voraussetzung –
wie in jedem Bereich der Beziehung: Die
Kommunikation muß stimmen. Reden Sie
miteinander, nennen Sie Ihre Bedürfnisse
und beugen Sie Mißverständnissen vor.
Dabei ist es wichtig, daß Sie gewissen Tat-
sachen ins Auge schauen, nicht ständig
wehmütig zurückblicken und vor allem
darauf vertrauen, daß Sie diese Durst-

Im Gespräch bleiben

strecke mit gemeinsam geübter Geduld
sowie Verständnis füreinander durchstehen werden. Zeitlich betrifft sie doch nur
einen kleinen Teil der gesamten Partner-
schaft.
Wenn dennoch ernste Schwierigkeiten
auftreten und Sie allein nicht aus der
Krise herauskommen, sprechen Sie mit
anderen Eltern, die auch gerade Nachwuchs bekommen haben. Manchmal hilft
es schon zu sehen, daß man nicht allein
ist und daß die eigenen Ängste und
Bedürfnisse völlig normal sind. Sie können auch eine Sexualberatungsstelle aufsuchen. Oft gelingt es schon nach wenigen Gesprächen, eingefahrene Gleise zu
verlassen. Adressen erhalten Sie zum Beispiel über Mundpropaganda, von kirchlichen und kommunalen Einrichtungen
sowie bei Ihrer BARMER.

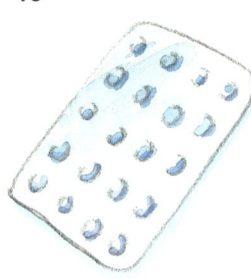

Untersuchungen zufolge reifte bei jeder fünften stillenden Frau in den ersten vier Wochen nach der Geburt ein Ei. Empfängnisverhütung ist deshalb ganz wichtig, wenn Sie eine baldige erneute Schwangerschaft unbedingt vermeiden möchten.

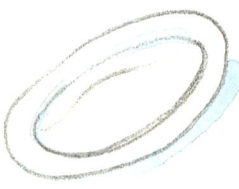

Wenn Sie stillen, sollten Sie eine Verhütungsmethode wählen, die die Muttermilch nicht beeinflußt: Kupfer-Spirale, Diaphragma, Kondom, NFP.

Neun Monate lang spielte dieses Thema keine Rolle. Manche Paare erlebten ihre Sexualität deshalb während der Schwangerschaft besonders lustvoll. Nach der Geburt wird die Empfängnisverhütung wieder aktuell.

Etwa acht Wochen nach der Geburt bekommen Frauen, die nicht stillen, wieder ihre Periode. Bei stillenden Frauen geschieht dies meist später. Der Grund: Sie haben einen erhöhten Prolaktinspiegel im Blut. Das Hormon Prolaktin regt nicht nur die Milchbildung an, es kann auch den Eisprung verhindern oder zumindest verzögern. Deshalb hält sich hartnäckig das Gerücht, Frauen könnten während der Stillzeit nicht schwanger werden. Das ist aber ein gefährlicher Trugschluß. Denn die Wirkung des Prolaktins und seine Menge hängt von verschiedenen Faktoren ab – unter anderem davon, wie stark das Baby saugt und wie häufig es trinkt. Sind die Pausen zwischen den Mahlzeiten zu groß – die Rede ist von maximal sechs Stunden – dann sinkt der Prolaktinspiegel ab. Dadurch kann es zu einem Eisprung und damit zu einer Befruchtung kommen.

Nicht immer ist es möglich, wieder auf die vorherige Verhütungsmethode zurückzugreifen. Das gilt insbesondere, wenn Sie stillen. Beispiel Pille: Ein gewisser Teil der Hormone aus der Pille geht in die Muttermilch über.

Empfängnisverhütung

Die Untersuchungsergebnisse schwanken laut Arbeitsgemeinschaft freier Stillgruppen zwischen 0,02 und 0,1 Prozent. Auch wenn das wenig klingt – bedenken Sie, daß der Stoffwechsel Ihres Babys noch nicht voll ausgereift ist. Zudem können die Hormone die Zusammensetzung der Milch negativ beeinflussen.

Die Minipille wird dagegen vom wissenschaftlichen Beirat der Bundesärztekammer als „hormonelle Methode der Wahl" empfohlen, da sie die Stilleistung nicht beeinträchtigt. Aber auch hier sollten Sie bedenken, daß die Hormone in die Muttermilch übergehen und ihre langfristigen Auswirkungen auf das Neugeborene bislang nicht abzuschätzen sind.

Wenn Sie sich trotz der genannten Bedenken für die Pille entscheiden, sollten Sie mit Ihrem Frauenarzt oder Ihrer Frauenärztin über die Vor- und Nachteile dieser Verhütungsmethode sprechen. Er oder sie wird Ihnen gegebenenfalls ein hormonarmes Präparat nennen und Ihnen sagen, wann Sie mit der Einnahme beginnen können.

Viele Frauen wählen die Kupfer-Spirale. Sie wird etwa acht Wochen nach der Entbindung eingesetzt. Die Spirale ist auch für Frauen geeignet, die stillen, denn sie hat keinerlei Folgen für die Muttermilch. Gleiches gilt für das Diaphragma oder Scheidenpessar. Da es ausschließlich örtlich wirkt, ist es für stillende Frauen ein geeignetes und absolut unschädliches Verhütungsmittel. Wenn Sie sich für ein Diaphragma entscheiden, müssen Sie zunächst die erforderliche Größe anpassen lassen. Ihre Frauenärztin, Ihr Frauenarzt sowie Mitarbeiterinnen und Mitarbeiter von Pro-Familia-Beratungsstellen oder Frauengesundheitszentren beraten Sie. Vereinbaren Sie sechs bis acht Wochen nach der Geburt einen Termin. Erst dann ist Ihr Körper so weit zurückgebildet, daß ein Diaphragma angepaßt werden kann.

Wie das Diaphragma wirkt auch das Kondom rein örtlich. Deswegen können Sie auch damit in der Stillzeit verhüten. Viele Paare entscheiden sich auch für NFP, die natürliche Familienplanung. Sie gibt Frauen die Möglichkeit, ihren Körper besser kennenzulernen. Allerdings verlangt sie auch vom Partner eine verantwortungsbewußte Einstellung. Das Prinzip der NFP basiert auf körperlichen Anzeichen, die sich im Laufe eines Zyklus verändern: Beobachtet werden der Zervixschleim, also der Schleim am Gebärmutterhals, und die Körpertemperatur. Mit diesen Daten können Sie mit großer Zuverlässigkeit Ihre fruchtbaren und unfruchtbaren Tage bestimmen. Mittlerweile gibt es auf dem Markt kleine Computer, die Paare bei der NFP unterstützen. Allerdings funktioniert NFP nur mit sehr viel Disziplin. Unter anderem ist es nötig, daß Sie die Temperatur immer zu einem bestimmten Zeitpunkt messen. Kurze Nächte oder ein unregelmäßiger Tagesablauf – typische Begleiterscheinungen der Stillzeit – beeinflussen die Werte und deren Aussagekraft. Wenn Sie mehr über diese und andere Verhütungsmethoden wissen möchten, informieren Sie sich bei Ihrem Frauenarzt oder Ihrer Frauenärztin, bei kirchlichen Beratungsstellen oder in Familienzentren.

17

Die ultimative Verhütung

Ist ihre Familienplanung nach der Geburt des Kindes endgültig abgeschlossen, denken manche Paare auch an ultimative Verhütung: die Sterilisation eines Partners. Die einfachere Variante ist die Sterilisation des Mannes. Dabei werden die beiden unter der Haut liegenden Samenleiter durchtrennt und abgebunden. Danach gelangen die Samenzellen, die in den Hoden produziert werden, beim Samenerguß nicht mehr in die Scheide. Der Eingriff wird ambulant durchgeführt – im allgemeinen mit örtlicher Betäubung. Auf Wunsch wird aber auch eine Vollnarkose durchgeführt. Die Sterilisation der Frau ist aufwendiger.

Sie kann unter Vollnarkose, aber auch ambulant mit örtlicher Betäubung durchgeführt werden. Beide Eileiter werden dabei verschlossen oder durchtrennt, so daß Ei und Samenzelle nicht mehr zusammenkommen können und keine Befruchtung möglich ist. Auf den normalen Zyklus hat dieser Eingriff keinen Einfluß. Die Frau bekommt auch weiterhin ihre Periode. Die Sterilisation ist bereits im Wochenbett möglich. Manche Ärzte empfehlen aber, die Operation erst einige Wochen nach der Geburt durchzuführen, weil dann das Gewebe besser verheilt. Wenn Sie sich für eine Sterilisation interessieren, lassen Sie sich von Ihrem Arzt über weitere Details aufklären.

Die Sterilisation des Mannes beeinflußt nicht seine Erektionsfähigkeit. Darüber hinaus haben Männer, die sich sterilisieren lassen, auch weiterhin einen „Erguß" – nur eben ohne Samen.

Viele Frauen möchten trotz Kind wieder arbeiten. Die einen früher, die anderen später. Sei es, um den Anschluß nicht zu verlieren, die Familienkasse aufzubessern oder die Herausforderung des Jobs zu spüren. Vielleicht ist Ihnen auch wichtig, Kontakte nach außen zu haben, Anerkennung und Selbstbestätigung zu spüren oder ein Stück Unabhängigkeit zurückzugewinnen?

Zurück in den Job

Im Erziehungsurlaub dürfen Sie bis zu 19 Stunden wöchentlich bei Ihrem alten Arbeitgeber arbeiten und bis zu 620 DM (Stand: Juli 1998) verdienen, ohne daß die Sozialversicherungsträger davon etwas abziehen. Liegt Ihr Verdienst darüber, wird das Erziehungsgeld neu berechnet. Außerdem muß das Einkommen versteuert werden. Beiträge zur Rentenversicherung und die Anmeldung bei der Krankenkasse werden fällig.

Sind Sie und Ihr Partner berufstätig, bedeutet das für Sie beide viel Organisation. Sie ist das A & O, damit alle Beteiligten – inklusive Kind – gut damit leben.

Ja zur Organisation ...

Wenn Sie auswärts arbeiten, ist die erste Voraussetzung natürlich, daß Ihr Kind während Ihrer Abwesenheit bestens untergebracht ist (dazu mehr im Kapitel „Kleine Kinder gehören am besten zur Mutter - oder?"). Als nächstes müssen Sie klären, wer welche Aufgaben übernimmt, und was passiert, wenn einer einmal verhindert ist. Seien Sie ehrlich miteinander und prüfen Sie, ob Sie und Ihr Partner auf Dauer auch wirklich die genannten Arbeiten übernehmen wollen und können – dies gilt insbesondere für die Hausarbeit. Prüfen Sie gegebenenfalls, ob Sie sich zwei- bis dreimal im Monat für wenige Stunden eine Haushaltshilfe leisten können. Denn durch die Berufstätigkeit ist die gemeinsame Zeit noch knapper bemessen.

Wenn Sie im Erziehungsurlaub woanders arbeiten möchten, brauchen Sie die Zustimmung Ihres bisherigen Arbeitgebers.

Vielleicht hilft es, wenn Sie Ihre Maß-
stäbe etwas herunterschrauben.
Frauen neigen oft dazu, alles perfekt
machen zu wollen. Wenn Sie versuchen,
Kind, Partner, Beruf und Haushalt gleichermaßen gerecht zu werden, werden
Sie leicht unzufrieden und haben ein
schlechtes Gewissen. Falls Sie das kennen, überlegen Sie genau, welche Aufgaben Sie abgeben kön-
nen. Wer macht bei
Ihnen die Wochen-
einkäufe, wer sorgt für das warme Essen?
Wer bleibt beim Kind, wenn es krank ist,
wer geht mit ihm zum Kinderarzt? Sprechen Sie diese Themen Ihrem Partner
gegenüber an, wenn Sie das Gefühl
haben, daß Ihnen alles über den Kopf
wächst. Geben Sie nicht gleich auf, wenn
sich nicht für jedes Problem sofort eine
Lösung findet.
Manchmal empfiehlt sich auch „moderne
Heimarbeit". Durch die neuen Kommuni-
kationstechniken können viele Aufgaben
von zu Hause aus erledigt werden. Falls
Sie sich dafür entscheiden, sollten Sie sich
jedoch darüber im klaren sein, daß dies
nicht unbedingt weniger Streß bedeutet.
Viele haben daheim den Kopf lange nicht
so frei wie im Büro, denn Haushalt und
Beruf vermischen sich leicht. Außerdem
arbeiten Sie wahrscheinlich recht isoliert
– ohne größere Außenkontakte bis aufs
Telefon. Dennoch kann das eine interes-
sante Alternative sein.

... Nein zur Perfektion

Wenn Sie nicht regelmäßig arbeiten wollen, fragen Sie doch Ihren alten Chef, ob
Sie eine Urlaubs- oder Krankheitsvertre-
tung übernehmen können. So halten Sie
den Kontakt zu alten Kollegen und bleiben am Ball. Sie können bei dieser Gelegenheit gut ausprobieren, wie Sie die
Doppelbelastung aushalten, wie es zu
Hause mit der Arbeitsteilung klappt und
natürlich, wie Ihr Kind die-
sen Schritt verkraftet.
Gerade berufstätige Mütter
plagt oft das schlechte Gewissen, wenn
sie ihr Kind in fremde Hände geben. Sie
befürchten, daß sie nicht ausreichend
steuern und miterleben können, wie sich
ihr Kind entwickelt. Natürlich sollte Ihr
Kind nicht unter der Abwesenheit beider
Eltern leiden. Beobachten Sie deshalb, wie
Ihr Kind reagiert, und machen Sie davon
– wenn möglich – Art und Umfang Ihrer
Berufstätigkeit im Erziehungsurlaub
abhängig.

Nur wenn beide Partner an einem Strang ziehen, kann die Berufstätigkeit von Mann und Frau funktionieren.

*Während der Schwangerschaft läuft Ihr Körper zu absoluter Höchst-
leistung auf. Der gesamte Organismus richtet sich auf die bevorste-
hende Geburt ein. Ist das Baby da, müssen sich Ihre Organe wieder
zurückbilden, die Muskeln gestärkt und gedehnte Hautschichten
gestrafft werden. Dabei hilft Rückbildungsgymnastik.*

Rückbildungsgymnastik

Manche Frauen denken beim Stich-
wort Rückbildungsgymnastik an eine
Art Aerobic für frischgebackene Mütter.
Ein großer Irrtum, denn hier geht es
nicht um schweißtreibenden Sport
auf dem Weg zur
Traumfigur. Rückbil-
dungsgymnastik
meint sanfte, manchmal kaum sichtbare
Bewegungen, die den Körper unterstützen, in seine alte Form zurückzufinden.
Dementsprechend werden vor allem die
Partien trainiert, die durch die Schwangerschaft und die Geburt besonders
beansprucht wurden. Allen voran die
Beckenbodenmuskulatur. Dieser Muskel-
block vereint die gesamte Schließmus-
kulatur des Darms, der Blase und der
Scheide. Bei der Geburt wird der gesamte Beckenboden überdehnt. Nicht nur
die Scheiden-, auch die Blasen- und die
Darmmuskulatur sind betroffen. Vielleicht

Sanfte Bewegungen

haben Sie die Folgen schon gespürt,
wenn Sie nach der Geburt oder bereits
während der Schwangerschaft beim Nie-
sen, Lachen oder Husten unfreiwillig Urin
verloren haben. Gezielte Übungen nach
der Geburt sollen helfen, den Beckenboden so schnell wie möglich wieder zu
festigen. Damit beugen Sie einer späteren
Harn- und unter Umständen auch Darm-
inkontinenz vor. Rückbildungsgymnastik
ist aber auch wichtig, damit die Gebärmutter und andere innere Organe wieder an ihren ursprünglichen Platz im
Körper gelangen.

Hormone haben in der Schwangerschaft dafür gesorgt, daß das Gewebe geschmeidig und die Muskeln dehnbar wurden. Nach der Entbindung hält diese Lockerung noch etwa ein halbes Jahr an. Darüber hinaus werden beim Stillen weitere Hormone frei, die ebenfalls dazu

Hormone als Weichmacher

führen, daß das Gewebe weich bleibt. Dennoch sollten Sie so früh wie möglich mit der Rückbildungsgymnastik beginnen. Im allgemeinen können Sie ab dem dritten Tag nach der Entbindung starten. Die meisten Kliniken bieten heute bereits Wochenbettgymnastik an. Dabei handelt es sich um sanfte, kaum sichtbare Bewegungen und Atemwahrnehmung. Frauen, die mit einem Kaiserschnitt entbunden haben, lernen dort Übungen, die den Kreislauf anregen und Thrombosen vorbeugen.

Bei Damm- oder Kaiserschnitt fragen Sie Ihren Arzt oder Ihre Ärztin, wann Sie mit der Rückbildungsgymnastik anfangen können und welche Übungen erlaubt sind.

Rückbildungsgymnastik macht in der Gruppe mehr Spaß. Erkundigen Sie sich deshalb, wo es in Ihrer Nähe entsprechende Kurse gibt (zum Beispiel in Hebammen-Praxen, in Mütter-Zentren, bei Familienbildungsstellen). In vielen Kursen können die Babys mitgebracht werden. Manchmal ist auch für eine Babybetreuung gesorgt.

Dort lernen Sie Übungen, die Sie auch zu Hause machen können. Denn es ist wichtig, daß Sie konsequent täglich einige Minuten dafür einplanen. Das gelingt am besten, wenn Sie das Üben in Ihren Tagesablauf einbauen.

Sobald die Stillphase vorüber ist, können Sie auch wieder intensiv Sport treiben. Das tut nicht nur der Figur, sondern auch der Psyche gut.

Selbst wenn Sie intensiv Rückbildungsgymnastik machen, dürfen Sie keine Wunder erwarten. Neun Monate hat Ihr Körper gebraucht, die Schwangerschaft aufzubauen und auszutragen. Nun verschwinden die Spuren nicht binnen weniger Wochen. Eine Faustregel besagt, daß der Körper auch

Neun Monate Zeit

neun Monate benötigt, bis alles wieder beim alten ist. Vielleicht werden einige Körperpartien nie mehr so aussehen wie früher, und vielleicht wird auch die enge Jeans nie mehr so passen wie vor der Geburt, aber dafür haben Sie schließlich etwas Überwältigendes geleistet: Sie haben ein Kind geboren!

*Die Natur ist eine faszinierende Sache. Scheinbar automatisch „reift"
in der Brust der Mutter die optimale Nahrung für das Neugeborene.
Immer frisch, immer abrufbereit, kostenlos und wohltemperiert. Alles,
was das Baby braucht – die Muttermilch hat´s.*

Stillen

-das Wunder
zwischen Mutter und Kind

Wenn Sie stillen möchten und stillen können, geben Sie Ihrem Baby in der ersten Zeit alles mit auf den Weg, was es braucht. Ihre Muttermilch enthält in jeder Wachstums-phase die optimale Nährstoff-zusammensetzung. Nicht nur das – auch wichtige Abwehr-stoffe, die das kindliche Immunsystem stärken, werden gleich mitgeliefert und schützen in der ersten Zeit vor Infektio-nen. Darüber hinaus verringern sie die Gefahr einer späteren Allergie – vor allem, wenn Sie sechs Monate voll stillen. Gestillte Kinder leiden später weniger an Fettsucht, sie werden seltener zucker-krank, und ihre Schilddrüse kann sich besser entwickeln.

Optimal
–von Geburt an

Für Ihr Baby heißt Stillen jedoch mehr, als nur Hunger und Durst befriedigen: Liegt es an Ihrer Brust, genießt es den engen Körperkontakt, fühlt es sich geschützt und geborgen. Darüber hinaus ist Stillen ganz einfach praktisch. Es spart Zeit, Geld und Arbeit.

Bereits im 4. und 5. Schwangerschafts-monat bereiten Hormone die Brüste darauf vor, Vormilch zu bilden. Den eigentlichen Startschuß gibt dann das Baby. Wenn es direkt nach der Geburt zum ersten Mal an der Brust saugt, nimmt ein Wunder seinen Lauf – auch wenn die-ses Nuckeln eigentlich viel mehr mit gegenseitigem Kennenlernen zu tun hat als mit Ernährung. Zwei Hormone wer-den in diesem Moment ausgeschüttet: Prolaktin und Oxytocin. Prolaktin sorgt für die Milchbildung, Oxytocin dafür, daß die Milch fließt. Zunächst erhält Ihr Kind die Vormilch, Kolostrum genannt. Auch wenn es oft nur wenige Tropfen sind, ist diese klare gelbe Flüssigkeit ganz beson-ders wichtig für Ihr Baby, denn sie ist sehr eiweißreich und enthält besonders viele Abwehrstoffe.

Hormone im Einsatz

Muttermilch ist ein faszinierendes Beispiel für das Funktionieren von Angebot und Nachfrage.

Der eigentliche Milcheinschuß erfolgt um den 3.-4. Tag nach der Geburt. Dabei werden die Brüste recht prall und druck-empfindlich. Auch ein Spannen kann zu spüren sein. Manchmal steigt die Tempe-ratur leicht an. Dies alles ist kein Grund zur Sorge, sondern der ganz normale Ablauf einer faszinierenden Angelegen-heit. Denn ab sofort liefert Ihr Körper immer so viel Milch, wie Ihr Baby benötigt. Und wird Ihr Kind nicht mehr satt, zeigt es das dadurch, daß es in kür-zeren Abständen Hunger hat. Durch häu-figes Anlegen wird die Milchmenge wie-der gesteigert. Auch die Zusammenset-zung der Milch ändert sich ständig. Sie enthält immer genau die Nährstoffe, die Ihr Baby in dieser Wachstumsphase gerade braucht.

Aber auch für Sie als Mutter hat das Stillen enorme Vorteile und positive Auswirkungen: Das Hormon Oxytocin, das beim Saugen ausgeschüttet wird, ist nicht nur für den Milchfluß verantwortlich. Es sorgt auch dafür, daß sich die Muskulatur der Gebärmutter zusammenzieht und fördert somit deren Rückbildung. Die Schmerzen, die dabei auftreten können, sind die sogenannten Nachwehen. Sie regen den Wochenfluß an. Und je besser der Wochenfluß, desto weniger anfällig ist die Gebärmutter für Infektionen.

Beim ersten Anlegen hilft Ihnen die Hebamme oder die Kinderkrankenschwester. Sie zeigt Ihnen verschiedene Stillpositionen und erklärt Ihnen alles, was Sie am Anfang übers Stillen wissen müssen. Verzweifeln Sie nicht, wenn nicht gleich alles so klappt, wie Sie es sich wünschen oder geplant haben. Die Natur hat zwar eingerichtet, daß die Milchproduktion in Gang kommt, für das automatische Funktionieren einer harmonischen Stillbeziehung zwischen Mutter und Kind hat sie jedoch nicht gesorgt. Rechnen Sie damit, daß es auch später Momente geben wird, in denen Sie glauben, nicht oder nicht ausreichend stillen zu können. Wichtig ist in diesen Phasen, daß Sie das Vertrauen in Ihren Körper nicht verlieren. Eine stillerfahrene Freundin kann in so einer Situation eine hilfreiche Unterstützung sein.
Ihre Hebamme schaut, ob es Ihnen und dem Baby gut geht, übernimmt bei Bedarf die Nabelpflege, gibt wichtige Tips und Ratschläge und berät Sie beim Stillen.

Aller Anfang ist manchmal schwer

Eine Hebamme kommt nach der Geburt zu Ihnen ins Haus, berät, betreut und versorgt Sie und das Baby. Die Kosten übernimmt Ihre BARMER. Die Leistungen und die Kompetenz der Hebamme enden nicht mit dem Wochenbett: Die Hebamme ist auch danach Ihre Ansprechpartnerin.

Informationen zur Nachsorge erhalten Sie in Ihrer BARMER Geschäftsstelle. Auch in freien Stillgruppen erhalten Sie Unterstützung. Mütter treffen sich dort unter der Leitung einer Stillberaterin mit ihren Babys zum Erfahrungsaustausch. Vielleicht gibt es so eine Gruppe auch in Ihrer Nähe. Fragen Sie Ihre Hebamme, Ihren Frauenarzt, in der Klinik oder bei kirchlichen Einrichtungen (die oftmals ihre Räume für solche Treffen zur Verfügung stellen) danach. Oder wenden Sie sich an die La Leche Liga oder die Arbeitsgemeinschaft freier Stillgruppen (siehe Kapitel „Adressen").

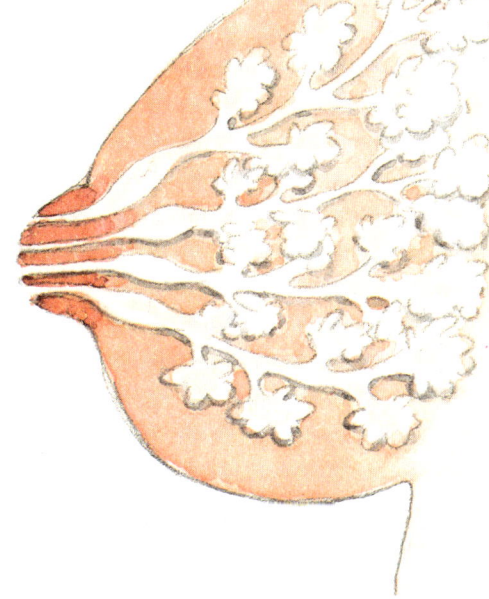

24

Und das sollten Sie bevorzugt in Ihre Ernährung einbauen:

→ Zweimal pro Woche Seefisch (zum Beispiel Kabeljau und Seelachs) für die Jodversorgung – wichtig für die Schilddrüse

→ Vollkornprodukte (Vollkornhaferflocken, Vollkornbrot) – sie liefern wichtige Ballaststoffe, die Vitamine B1 und B6 sowie Eisen – wichtig für Verdauung, Stoffwechsel, Nerven und Blutbildung

→ Lebensmittel, die den Kalziumstoffwechsel anregen, zum Beispiel grünes Gemüse wie Brokkoli, Spinat, Mangold, Salat und Kohlrabi, Sprossen, Obst, Sauermilchprodukte und fette Fische wie Lachs, Makrele und Heilbutt – wichtig für Knochen und Zähne

D amit Ihre Milch sättigend und nährstoffreich sein kann, ist es wichtig, daß Sie bewußt auf ausgewogene und ausreichende Ernährung achten. Jetzt ist nicht die Zeit für den kritischen Blick auf die Waage. Sollten Sie aus der Schwangerschaft noch zusätzliche Pfunde mit sich herumtragen, so denken Sie bitte daran, daß Ihr Körper neun Monate benötigt hat, um die Schwangerschaft aufzubauen, und daß er ebenso lange braucht, um sie wieder abzubauen. Diäten sind jetzt völlig fehl am Platz. Ohne genügend Nahrung kann es zum Beispiel zu Kreislaufproblemen kommen. Die Folge einer Diät könnte auch sein, daß nicht mehr ausreichend Milch vorhanden ist. Außerdem würden in den Fettpolstern gelagerte Schadstoffe frei werden und in die Muttermilch gelangen. Im übrigen haben Sie jetzt sogar einen Energiebedarf, der pro Tag um rund 600 Kalorien höher liegt.

Ausgewogen essen – ausreichend trinken

Sechs kleine Mahlzeiten sind für Sie, das Baby und Ihre Figur besser als drei große. Bevorzugen Sie Gerichte, die schnell zuzubereiten und gut warmzuhalten sind. Das spart Zeit und Frust.

Entgegen der landläufigen Meinung dürfen Sie auch in der Stillzeit Zitrusfrüchte und Hülsenfrüchte essen. Es gibt keinerlei wissenschaftliche Erkenntnisse, daß diese Lebensmittel beim Baby einen wunden Po oder Blähungen verursachen. Jedes Baby reagiert anders. Deshalb gilt: ausprobieren. Unter Umständen versagen Sie sich sonst monatelang bestimmte Dinge, obwohl diese Ihrem Kind gar nicht schaden.

Das Kinderteeprogramm aus der Apotheke.
Ohne Zugabe von Zucker und Aromastoffen.

*Neben dem richtigen Essen ist viel trinken jetzt ganz wichtig. Minde-
stens zwei bis drei Liter täglich sollten es sein. Am besten haben Sie
immer ein volles Glas in Ihrer Nähe. In jedem Fall empfehlenswert:
stilles Mineralwasser. Ansonsten heißt es ausprobieren: Welche Säfte
und Tees verträgt Ihr Kind?*

Auf Schwarzen Tee beispielsweise reagieren manche Kinder – ähnlich wie
auf Kaffee – wegen seiner anregenden
Wirkung mit besonderer Unruhe. Sie
sind reizbar und finden nicht in den
Schlaf. Auch viele Früchtetees
sind nicht unbedingt geeignet.
Je nach Zusammensetzung des
Tees bekommen manche Babys davon
einen wunden Po. Hebammen und Kinderärzte raten deshalb zu milden Kräutertees.
Wenn Ihr Baby Sie nicht braucht, nutzen
Sie die Gelegenheit für eine kleine Tee-
pause. Zwei bis drei davon zwischen den
Mahlzeiten sind hervorragende Gelegenheiten zum Auftanken. Dabei schlagen Sie
gleich zwei Fliegen mit einer Klappe: Sie
gleichen Ihren erhöhten Flüssigkeitsbe-
darf aus und tun etwas für Ihre Nerven.
Davon profitiert auch Ihr Kind: Die Milch
fließt besser, und Ihr Kind hat eine ausgeglichene Mama. Bei Schlafmangel und
Überbelastung wirken zwei bis drei Tee-
pausen täglich besonders wohltuend.

It's teatime

Achten Sie beim Einkauf von Tees darauf,
daß sie ohne Zugabe von Zucker und
Aromastoffen hergestellt werden und
auch die Bestimmungen der Diätverordnung erfüllen. Danach dürfen in diäteti-
schen Lebensmitteln für Säuglinge und
Kleinkinder nicht mehr als 0,01 mg /kg
Rückstände aus Pflanzenschutz- und
Schädlingsbekämpfungsmitteln enthalten
sein.

Falls Sie jetzt krank werden, sollten Sie Ihren behandelnden Arzt unbedingt darauf hinweisen, daß Sie stillen. Denn  viele Medikamente gehen in die Muttermilch über und haben unter Umständen schädliche Nebenwirkungen für Ihr Baby. Selbst vermeintlich harmlose Mittel können Alkohol enthalten und sind daher in der Stillphase nicht geeignet. Ihr Arzt wird im Einzelfall Risiko und Nutzen für Mutter und Kind genau prüfen und dann entscheiden, was tatsächlich nötig ist und welches Medikament er Ihnen verschreiben kann.

Manchmal ist die Einnahme starker Medikamente jedoch nicht zu vermeiden. Das bedeutet aber nicht unbedingt das vorzeitige Ende der Stillperiode. Muß das Medikament nur einige Tage genommen werden, kann die Milch in dieser Zeit abgepumpt und weggeschüttet werden. Das Baby erhält dann vorübergehend Flaschennahrung. Durch das Abpumpen bleibt die Milchproduktion in Gang, und mit ein wenig Geduld wird das Baby später die Brust wieder nehmen.

Grundsätzlich gilt:

- möglichst wenige Medikamente einnehmen
- keine eigenmächtige Dosierung
- im Zweifelsfall den Arzt oder die Ärztin fragen

Die Brüste, insbesondere die Brustwarzen, werden während des Stillens ziemlich strapaziert und brauchen deshalb viel Pflege. Vermeiden Sie alles, was die Brustwarzen austrocknet, das bedeutet: Brustwarzen nicht mit Seife waschen. Seife zerstört den Säuremantel der Haut. Sie laugt die Warzen aus, macht sie rissig und kann so Schrunden verursachen. Solange der Wochenfluß anhält, sollten Sie auf keinen Fall baden. Im Wochenfluß sind unzählige Keime, die beim Baden mit der Brust in Berührung kommen und sie entzünden können. Gegen Duschen ist nichts einzuwenden, dabei werden die Brüste mit klarem Wasser abgewaschen. Lassen Sie die Milchreste auf der Brust nach dem Stillen einfach eintrocknen. Sie liefern einen natürlichen Infektionsschutz – ebenso wie der Speichel des Babys und die Luft.
Tragen Sie einen gut sitzenden Still-BH – auch wenn Sie sonst kein BH-Fan sind. Er sollte auf keinen Fall einengen, son-

dern die Brust gut und bequem stützen. Verwenden Sie außerdem Stilleinlagen. Sie saugen die überflüssige Milch auf und beugen wunden Brustwarzen vor. Gerade in der ersten Zeit kann es Ihnen passieren, daß Ihre Milch „einfach so" läuft – zum Beispiel, wenn Sie an Ihr Baby denken oder eine andere stillende Mutter sehen. Auch später sind Stilleinlagen von Nutzen. So fließt im allgemeinen – bei der einen Frau schwächer, bei der anderen stärker – beim Stillen auch aus der Brust Milch, an der das Baby gerade nicht saugt. Eigentlich logisch, denn durch den Saugreflex wird die Milchproduktion gefördert und der Milchfluß in Gang gebracht. Im Körper existiert jedoch keine Schaltzentrale, die organisiert, daß die gewünschte Milch nur in eine Brust fließt.
Wird der Still-BH trotz Stilleinlagen naß, sollten Sie ihn rasch wechseln, weil sich Bakterien in der Feuchtigkeit schnell vermehren und wunde Brustwarzen verursachen können.

Manche Frauen fragen sich, ob sie vielleicht zu wenig Milch haben, wenn ihr Kind zum wiederholten Mal schreit, obwohl es doch gerade gestillt wurde. Natürlich kann Ihr Kind auch schreien, weil es friert, weil es Nähe möchte oder weil die Zähne durchbrechen. Vielleicht reicht ihm aber tatsächlich die Muttermilch nicht. Folgende Umstände können eine Rolle spielen:

Zu wenig Milch?

Kommt der Milch-fluß durch Streß aus dem Takt, kann ein Telefonat mit einer guten Freundin, die einfach nur zuhört, Wunder wirken.

Um den zehnten Tag herum sowie nach sechs und nach zwölf Wochen haben Babys einen natürlichen Wachstums-schub. Dann wollen sie scheinbar 24 Stunden täglich an der Brust trinken. In so einer Situation ist die beste Lösung: Nicht aufgeben, Augen zu und durch! Denn nach 48 Stunden ist der ganze Spuk meist schon wieder vorbei. Voraus-gesetzt, Sie legen Ihr Baby häufiger an. Dann reagiert die Milch, das heißt, ihre Konsistenz verändert sich, und Ihr Baby wird wieder satt. In diesen Phasen ist der Kontakt zu anderen Frauen mit Stillerfah-rung und/oder zu einer Hebamme unter Umständen sehr hilfreich. Bei Stillschwie-rigkeiten zählt der Rat Ihrer Hebamme, die hierzu auch die Leistungen der BARMER kennt.

Liegt dagegen eine Streßsituation vor, sollten Sie unbedingt versuchen zu ent-spannen. Das ist zwar leichter gesagt als getan und im Alltag nicht immer einfach umzusetzen. Aber vielleicht reicht die Zeit ja für eine Atemübung, eine warme Dusche oder ein Fußbad.

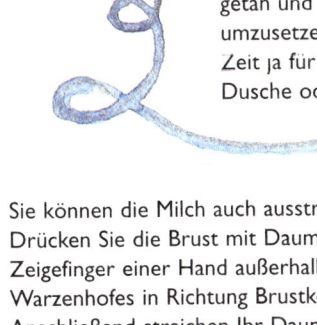

Selbstgemachter Streß ist natürlich unbe-dingt zu vermeiden. Niemand erwartet von Ihnen einen perfekten Haushalt oder täglich ein 3-Gänge-Menü. Eine ausgegli-chene Mutter mit zufriedenem sattem Baby ist allemal wichtiger als eine staub-freie Wohnung mit geputzten Fenstern. Wenn Sie das Glück haben und von außen Hilfe angeboten bekommen, soll-ten Sie sich nicht scheuen, sie auch anzu-nehmen. Oft sind Freunde und Bekannte sogar froh, wenn sie hilfreich unter die Arme greifen können. Besuche, die hinge-gen nur eine Belastung darstellen, sollten Sie im eigenen Interesse und dem Ihres Kindes möglichst weit nach hinten schie-ben – bis sich der eigene Alltag soweit eingependelt hat, daß Sie über entspre-chend stabile Nerven verfügen.

Ist das Baby zu schwach, um durch star-kes Saugen die Milchproduktion anzure-gen, können Sie von außen eingreifen. Zum Beispiel, indem Sie mit einer Milch-pumpe regelmäßig Milch abpumpen. Manuelle Milchpumpen erhalten Sie in Drogerien und Apotheken. Elektrische Milchpumpen können Sie in Apotheken und Sanitätsfachgeschäften leihen.

Sie können die Milch auch ausstreichen: Drücken Sie die Brust mit Daumen und Zeigefinger einer Hand außerhalb des Warzenhofes in Richtung Brustkorb. Anschließend streichen Ihr Daumen und Zeigefinger mit Druck zur Brustwarze hin über die Brust, bis die Milch aus der Brust tropfenartig heraustritt.

So benutzen Sie eine Milchpumpe:

- Innenseite der Pumpe anfeuchten – dann rutscht die Brust besser hinein.
- Beim Abpumpen aus der anderen Brust mit der Hand ein wenig Milch ausdrücken – das bringt den Milchfluß in Gang.
- Pumpe nicht zu stark einstellen – die Brustwarzen könnten verletzt werden.

Wird eine Milch-pumpe medizinisch verordnet, übernimmt Ihre BARMER gegebenenfalls ent-stehende Aufwen-dungen.

Wenn Sie unsicher sind, fragen Sie Ihre Hebamme, wie Sie die Pumpe benutzen. Manchmal hilft es, die Milchmenge zu steigern, indem das Baby nach dem Anlegen an die zweite Brust nochmals an die erste Brust angelegt wird. Ein kleiner Trost: Fast alle Frauen haben nach einigen Wochen mal zu wenig Milch – insbesondere am Abend. Das ist noch kein Anlaß zur Sorge.

Fragen Sie sich außerdem: Wie steht es mit der Ernährung? Ist sie wirklich ausgewogen und ausreichend? Und trinken Sie genügend? Probieren Sie es doch einmal mit Milchbildungstee. Den gibt es als fertige Mischung in Apotheken, Drogerien und in Bioläden.

Wer zur Flasche greift und zufüttert, wenn das Baby nicht satt zu werden scheint, muß sich klar sein: Das kann der Anfang vom Ende sein. Durch Zufüttern wird die Milchproduktion kaum angeregt. Die Folge: Ihr Körper produziert weniger Milch. Das Baby bleibt hungrig, erhält daher wahrscheinlich noch mehr aus der Flasche usw. Das natürliche Gleichgewicht kommt aus dem Takt.

Auch die beliebte Frage aus der Verwandtschaft: „Na? Hat das Baby auch schon schön zugenommen?", verunsichert viele Mütter. Zeigt dann die Waage nicht den erwarteten Gewichtsanstieg, schließen Sie, Ihr Baby werde nicht satt. Die Aussagekraft häufiger Wiegeaktionen ist jedoch umstritten. Im allgemeinen erkennt eine Mutter auch ohne Blick auf die Waage, ob ihr Kind gesund ist und gedeiht. Eine rosige Haut, ein vitales Wesen, mehrere nasse Windeln täglich – das alles sind Anzeichen für eine normale Entwicklung. Was den Stuhlgang betrifft, reicht das Normale bei gestillten Babys von mehreren vollen Windeln täglich bis hin zu einer vollen Windel alle paar Tage. Wer sich auf sein persönliches Urteil nicht verlassen will, kann sein Baby einmal pro Woche, möglichst zur gleichen Tageszeit, wiegen. Eine Baby-Waage müssen Sie sich dafür nicht extra kaufen. Viele Apotheken verleihen solche Waagen.

Im Vorsorgeuntersuchungsheft Ihres Kindes, das Sie bei der Geburt erhalten, finden Sie hinten eine Größe-Gewicht-Tabelle. Darin können Sie ablesen, ob sich Ihr Kind altersgemäß entwickelt. Stellen Sie dabei fest, daß Ihr Baby abnimmt, sollten Sie unbedingt mit Ihrem Kinderarzt darüber sprechen.

Während die meisten Frauen fürchten, sie hätten zu wenig Milch, gibt es auch einige, die unter zu viel Milch leiden. Das kann zu unangenehmen Spannungen in der Brust bis hin zur Brustentzündung führen. In so einer Situation abzupumpen, wäre völlig verkehrt. Denn dadurch erhält der Körper das Signal, noch mehr Milch zu produzieren. Folge: Die Beschwerden verschlimmern sich. Besser ist es, das Baby zunächst eine

Zu viel Milch?

Weile nur jeweils an einer Brust trinken zu lassen. Dadurch wird jede einzelne Brust weniger häufig stimuliert, was zu einem Rückgang der Milchproduktion führt. Sie können Ihre Brust auch ausdrücken, aber nur so lange, bis die Spannungen nachlassen. Schmerzlindernd wirken Eispackungen. Vorübergehend sollten Sie insgesamt etwas weniger trinken. Auch mit einer halben Tasse Salbeitee, schlückchenweise über den Tag verteilt, läßt sich die Milchmenge reduzieren.

Besonders in den ersten Stilltagen können die Brustwarzen wund werden. Auch sie müssen sich erst an die neue Belastung gewöhnen. Sind die Warzen bereits empfindlich, ist es ratsam, die Stilldauer etwas einzuschränken und erst wieder zu steigern, wenn die Beschwerden abklingen. Dadurch wird man sicherlich häufiger anlegen müssen. Aber das hat auch den Vorteil, daß das Baby nicht so heißhungrig ist und daher nicht so fest zupackt. Außerdem kann es besser saugen und die Brust erfassen, wenn sie nicht so prall ist.

Ein Schnuller hilft vielleicht, die Zeit bis zur nächsten Mahlzeit zu überbrücken. Viele Säuglinge werden dadurch beruhigt und finden besser in den Schlaf. Mit Schnuller fühlen sich Eltern weniger hilflos, wenn das Baby weint. Allerdings sollten Sie auch die Nachteile sehen: Schnuller sind oft unhygienisch, und Kinder werden damit zum Schweigen gebracht. In Extremfällen nuckeln noch Fünfjährige an Schnullern.

Wunde Brustwarzen

Wunde Brustwarzen entstehen häufig durch ein ausgeprägtes Saugbedürfnis. Sorgen Sie unbedingt für Ersatz. Denn die Brust ist kein Schnuller!

Ändern Sie außerdem häufig die Stillposition. Legen Sie Ihr Kind mal im Sitzen, mal im Liegen an. So werden die Warzen nicht einseitig belastet. Lassen Sie Milch und Speichel nach dem Stillen auf der Brust eintrocknen. Beide haben eine weichmachende und sterilisierende Wirkung. Wenn es die Witterung zuläßt, gönnen Sie Ihrer wunden Brust ein Sonnenbad. Das hat heilende Wirkung. Bei Regenwetter tut's auch eine Infrarotlampe. Es gibt auch Salben und Tinkturen, die die Beschwerden lindern, den Heilungsprozeß fördern und für das Kind unschädlich sind, zum Beispiel Salbeitinktur oder Johanniskrautöl.

Werden die Warzen erst wund, nachdem schon eine ganze Weile erfolgreich gestillt wurde, kann auch Soor, eine Pilzinfektion, vorliegen. Sicheres Anzeichen dafür ist ein weißer Belag im Mund des Kindes. Was hier zu tun ist, lesen Sie im Kapitel „Kinderkrankheiten" nach.

Fühlt sich Ihre Brust prall und fest an? Ist sie äußerst druckempfindlich? Lassen die Schmerzen selbst dann nicht nach, wenn Sie Ihr Kind angelegt haben? Dann liegt vermutlich ein Milchstau vor. Zu einem solchen echten Stau in den Milchgängen kann es kommen, wenn durch Streß und Aufregung, seelische Probleme und Konflikte die Hormone verrückt spielen und das Zusammenspiel von Milchproduktion und Milchfluß durcheinander geraten ist. Vielleicht trinkt Ihr Baby aber auch schlecht und leert die Brust nur unzureichend, weil es Zähne bekommt, erkältet ist oder beim Stillen zu sehr abgelenkt wird. Beim Milchstau helfen folgende Maßnahmen:

Milchstau
-Brustentzündung (Mastitis)

- Heiße Umschläge etwa zehn Minuten lang auf die Brust legen. Anschließend die harten Knoten oder die gesamte Brust sanft massieren.
- Salbeitee kann die Milchproduktion bremsen. Dafür eine Tasse schluckweise über den Tag verteilt trinken.

Der Milchstau kann sich zu einer Brustentzündung ausweiten. Wenn sich in der gestauten Milch Keime vermehren, beginnt die Brustentzündung. Die Temperatur steigt über 39 Grad, es kommt zu grippeartigen Kopf- und Gliederschmerzen und manchmal auch zu Schüttelfrost. Insgesamt fühlt man sich matt und abgeschlagen. Wird in diesem Stadium nichts unternommen, bildet sich an der entzündeten Stelle ein Eiterherd, der operativ entfernt werden muß. Daher ist es äußerst wichtig, bereits bei den ersten Anzeichen eines Milchstaus zu handeln.

Die erste und wichtigste Hilfe leistet Ihr Kind. Legen Sie es häufiger an, auch wenn es nur für wenige Minuten ist, und zwar so, daß sein Unterkiefer an die harte Stelle kommt. Vielleicht müssen Sie dabei eine ungewohnte Stillposition einnehmen. Aber der Versuch lohnt!

Eispackungen gegen die Entzündung und Wärme für einen besseren Milchfluß sind weitere effektive Maßnahmen. Warmes Duschen, ein warmer Waschlappen auf der Brust oder auch ein Haarfön weiten die Gefäße und lassen so die Milch besser fließen. Auch Quarkkompressen schaffen Linderung. Reiben Sie Ihre Brust – bis auf die Brustwarze – mit Quark ein, bedecken Sie sie mit einer Mullwindel und erneuern Sie das Ganze, wenn der Wickel warm geworden ist. Noch einfacher – und sauberer – geht es, wenn Sie Brust und Quark mit einer Höschenwindel abdecken und den BH darüber ziehen.

Trinken Sie vorübergehend etwas weniger. Streichen Sie außerdem die Milch aus. (Das sollte sich übrigens jede stillende Mutter unabhängig von einem Milchstau von einer Hebamme oder Krankenschwester gleich zu Beginn der Stillzeit zeigen lassen.) Wenn irgendwie möglich, versuchen Sie etwas gegen Streß und Aufregung zu tun. Bei seelischen Problemen sollten Sie sich unbedingt jemandem mitteilen.

Lassen die Beschwerden nicht nach und liegt eine Brustentzündung (Mastitis) vor, müssen Sie unbedingt zum Arzt gehen, denn eine echte Mastitis ist eine gefährliche Komplikation, die fachmännisch behandelt werden muß. Eventuell ist die Entzündung schon so weit vorangeschritten, daß Sie ein Antibiotikum nehmen müssen. Aber auch da gibt es heute Mittel, die Ihr Baby nicht belasten und das weitere Stillen nicht beeinträchtigen.

Grundsätzlich sollte selbst eine Brustentzündung kein Grund sein, abzustillen. Untersuchungen der La Leche Liga, der Selbsthilfeorganisation der Stillgruppen, haben ergeben, daß Brustentzündungen durch häufiges Stillen, Bettruhe, warme Kompressen und Antibiotika innerhalb von drei Tagen abheilen können.

Auch wenn Sie stillen, heißt das nicht unbedingt, daß Sie rund um die Uhr mit Ihrem Kind zusammensein müssen. Planen

Allein unterwegs trotz Stillen

Sie einen Kinobesuch oder einfach einen gemütlichen Abend beim Italiener, und wollen Sie Ihr Baby nicht mitnehmen, dann kann auch der Vater oder eine andere Person Ihres Vertrauens das Baby füttern. Dazu ist es notwendig, daß Sie Milch konservieren. Pumpen Sie mittels einer Milchpumpe Milch ab. Umgefüllt in ein ausgekochtes Fläschchen kann sie bei maximal vier Grad mehrere Stunden (die Meinungen reichen von 4 Stunden bis zu 48 Stunden) im Kühlschrank gelagert werden. Als „eiserne Reserve" können Sie Muttermilch auch einfrieren – im Drei-Sterne-Fach Ihres Kühlschranks bis zu zwei Wochen, im Gefrierschrank bei -20 Grad bis zu sechs Monaten. Eingefrorene Milch wird am besten unter fließendem kalten Wasser aufgetaut,

danach auf Trinktemperatur, etwa 35 Grad, erwärmt. Bevor Sie jemanden mit dem Baby allein lassen, sollten Sie allerdings schon einmal ausprobiert haben, ob Ihr Sprößling die Flasche auch nimmt.

Wenn das Stillen nicht klappt oder Sie nicht stillen möchten oder zufüttern wollen, können Sie Ihr Baby auch mit Säuglingsmilchnahrung gesund ernähren. Die Flaschennahrung kann Muttermilch zwar nicht gleichwertig ersetzen, ist ihr aber weitgehend angeglichen. Falls Sie gerne gestillt hätten, sind die Vorteile der Flaschenmilch vielleicht ein kleiner Trost: Sie ist weniger belastet mit Umweltgiften und ermöglicht auch den Vätern, ihr Baby von Anfang an zu füttern.

Säuglingsmilchnahrung

-eine Alternative zum Stillen

So praktisch wie das Stillen ist die Flaschenmilchernährung nicht. Abgesehen von der notwendigen Hygiene beim Zubereiten bleibt der Arbeitsaufwand jedoch gering. Geben Sie das fix und fertige Pulver in exakter Dosierung nach Packungsanweisung in abgekochtes Wasser. Das ist besser für Ihr Baby, als die

Milch aus der Tüte
-oder selbstgemacht?

Milch selber zu kochen. Der Grund: Fertigmilchnahrung wird nach strengen EG-Richtlinien hergestellt, die Sie im Privathaushalt nicht erfüllen können. Es besteht das Risiko einer Nährstoff-Unterversorgung, wenn Sie Flaschennahrung selbermachen. Außerdem können Infektionen wegen mangelnder Hygiene auftreten.

Fast jeder Supermarkt bietet ein großes Angebot an Säuglingsmilchnahrungen. Neben der Anfangsmilch „PRE" und „1" finden Sie dort auch die Hypoallergene „H.A."-Milch. Für welchen Hersteller Sie sich entscheiden, ist dabei unwesentlich. Die Zusammensetzung der Produkte innerhalb der einzelnen Gruppen ist sehr ähnlich. Ein Blick auf die Zutatenliste lohnt aber, um Zuckerzusätze – „Saccharose" oder „Maltodextrine" – zu erkennen.

Für ganz junge Säuglinge bietet der Handel zwei Milchnahrungen an: Eine Anfangsnahrung mit der Aufschrift „PRE" und eine mit Ziffer „1" in der Bezeichnung. Beide Produkte sind der Muttermilch angeglichen und auf Kuhmilchbasis hergestellt. Sie unterscheiden sich jedoch in einem wesentlichen Punkt, der Zusammensetzung der Kohlenhydrate. Die Nahrung mit der Silbe „PRE" enthält wie die Muttermilch ausschließlich Milchzucker als Kohlenhydrat und ist ebenso dünnflüssig und sättigend. Die Milch mit der Ziffer „1" birgt zusätzlich Stärke und manchmal Zucker (Saccharose). Sie ist damit nur teilweise der Muttermilch angeglichen. Außerdem ist sie dickflüssiger und länger sättigend.

„PRE" und „1"
-Säuglingsanfangsnahrungen

Ernährungsfachleute und Kinderärzte empfehlen deshalb, von Geburt an bis Ende des vierten Monats ausschließlich Säuglingsmilchnahrung mit der Silbe „PRE" zu füttern. Sie kann als alleinige Nahrung bis Ende des sechsten Monats und zusammen mit Beikost während des gesamten zweiten Lebenshalbjahres gegeben werden. Die Flaschennahrung mit der Ziffer „1" ist frühestens ab dem vierten Monat empfehlenswert. Vorher sind die Verdauungsorgane Ihres Kindes zu unreif dafür. Vorsicht: Halten Sie keine festen Fütterungszeiten ein, können Sie Ihr Baby leicht überfüttern. Achten Sie grundsätzlich, wenn Sie einkaufen, auf die Zutatenliste. Damit umgehen Sie zuckerhaltige Produkte. Sie gewöhnen Ihr Kind sonst früh an Süßes.

Wenn Sie oder Ihr Partner an einer Allergie leiden, steigt damit die Wahrscheinlichkeit, daß auch Ihr Kind allergisch wird. Das muß aber nicht passieren! Sie können das Risiko deutlich verringern, indem Sie Ihr Baby sechs Monate lang voll stillen. Erst im siebten Monat beginnen Sie langsam mit der Beikost. So schieben Sie den Kontakt mit allergenem Fremdeiweiß hinaus, bis der Verdauungsapparat und der Stoffwechsel Ihres Babys reifer sind. Ist das nicht möglich, bietet die hypoallergene Säuglingsmilch, erkennbar an der Aufschrift „H.A.", einen gewissen Schutz. Sie ist zwar auf Kuhmilchbasis hergestellt und enthält damit Fremdeiweiß, dieses ist aber aufgespalten und verliert damit seine allergene – also allergieauslösende – Wirkung nahezu vollständig. Diese Nahrung sollten Sie nur bei stark allergiegefährdeten Kindern und in Absprache mit Ihrem Kinderarzt geben.

Spezielle Säuglingsmilch
-für allergische und kranke Neugeborene

Kinder, die unter einer Stoffwechselkrankheit oder einer Kuhmilchallergie leiden, brauchen hingegen speziell auf ihre Erkrankung abgestimmte Produkte. Diese bekommen Sie in Apotheken und in Fachabteilungen im Handel. Sie werden im Krankheitsfall direkt vom Arzt angeordnet. Falls Sie den Verdacht haben, daß Ihr Baby seine Nahrung nicht verträgt und eventuell eine Allergie hat, sollten Sie den Kinderarzt aufsuchen.

Wenn Ihr Kind unter einer Allergie leidet, erhalten Sie Unterstützung bei der Arbeitsgemeinschaft Allergiekrankes Kind oder dem Deutschen Asthmabund e.V. Die Adressen finden Sie im Anhang.

Experimente: Nein danke!

Säuglinge brauchen in den ersten vier bis sechs Monaten ausschließlich Muttermilch oder Säuglingsmilchnahrung. Nichts sonst! Keine Säfte als „Vitaminspritze", keinen Honig zum Süßen des Fläschchens oder Nüsse als „Energieschub". Tabu sind auch Kuhmilch, Soja-, Mandel- oder Getreidemilch. Denn der Verdauungsapparat und der Stoffwechsel Ihres Neugeborenen sind noch so unreif, daß es leicht mit einer Allergie reagieren kann. Besonders gefährlich ist Gluten für die Kleinsten. Das ist ein Eiweiß, das in Weizen, Roggen, Gerste und Hafer enthalten ist. Es kann in den ersten vier Monaten zu einer besonders schwer und meist chronisch verlaufenden Form der Zöliakie, einer Darmerkrankung, führen.

Um Ihr Baby vor gesundheitsschädlichen Stoffen wie Nitrat, Blei und Kupfer zu bewahren, muß das Wasser für die Milchzubereitung möglichst frei davon sein. Ob Sie problemlos das Wasser aus dem Hahn zapfen können oder besser zu abgepacktem Mineralwasser greifen

Welches Wasser für die Milch?

sollten, hängt dabei von mehreren Faktoren ab. Das Trinkwasser in Deutschland hat allgemein eine sehr hohe Qualität. Oft ist sie besser als die von Mineralwasser. Dennoch ist es wegen regionaler Unterschiede ratsam, beim zuständigen Wasserwerk oder im Gesundheitsamt den aktuellen Wert für Nitrat zu erfragen. Denn besonders in den ersten vier

Monaten kann dieser Stoff zur sogenannten „Blausucht" führen. Dabei heftet sich das Nitrat an Stelle des Sauerstoffs an die roten Blutkörperchen und blockiert sie. Der Wert für Nitrat muß kleiner als 50 mg pro Liter sein. Wenn in Ihrem Haus Bleirohre oder neu installierte Kupferleitungen liegen, sollten Sie das Trinkwasser ebenfalls im Gesundheitsamt untersuchen lassen. Als gesundheitlich bedenklich gelten Bleiwerte über 1 mg und ein Kupfergehalt von mehr als 0,4 mg pro Liter. Falls Ihr Wasser zu hohe Mengen der genannten Stoffe enthält, greifen Sie besser auf abgepacktes Mineralwasser zurück. Auf dem Etikett sollte „Geeignet für die Zubereitung von Säuglingsnahrung" stehen.

Für Babys bis zum siebten Lebensmonat müssen Sie Wasser immer abkochen, um vorhandene Keime abzutöten.

Welches Mineralwasser für die Säuglingsernährung empfehlenswert ist, erfahren Sie beim Verband der Deutschen Heilbrunnen e.V. Außerdem gibt die Verbraucher-Zentrale Hamburg die Broschüre „Gesunde Ernährung von Anfang an" heraus. Beide Adressen finden Sie im Anhang.

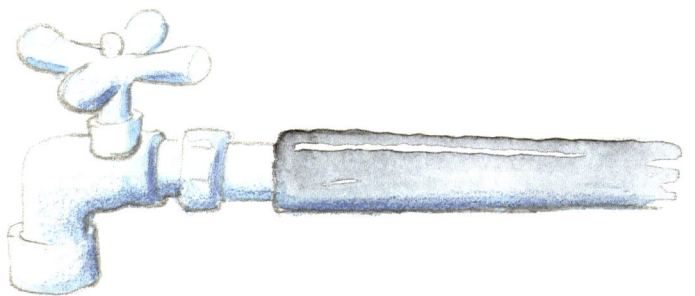

Beim Vitamin D sind sich Ärzte und Ernährungsfachleute einig: Es sorgt für einen stabilen Knochenaufbau und verhindert so Rachitis, O- und X-Beine. Die vorbeugende Vitamingabe ist wichtig, weil der Gehalt in Lebensmitteln und Muttermilch sowie die durch Sonneneinstrahlung in der Haut gebildete Menge im ersten Lebensjahr nicht

Vitamin D und Fluorid
-Gaben von Anfang an?

ausreichen. Ob alle Babys im Kombipack mit Vitamin D auch das Spurenelement Fluor einnehmen sollen, ist hingegen umstritten. Fluor ist ein wichtiges Element für den Knochen- und Zahnaufbau und für die Kariesprophylaxe. Bei Überdosierung kann es jedoch zu Zahn- und Skelettschäden kommen. Die Medikation

sollte deshalb dem Fluoridgehalt im Wasser angepaßt werden. Sprechen Sie die Wahl des jeweiligen Mittels und die Dosierung genau mit dem Kinderarzt ab. Bekommt Ihr Kind ein Fluorpräparat, dann benutzen Sie fluorreduzierte Zahncreme. Geben Sie keine Tablette, verwenden Sie stattdessen fluoridhaltige Paste.

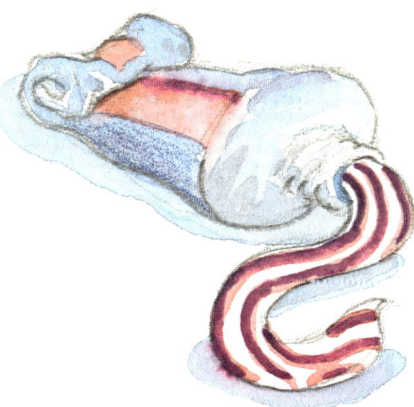

Frühestens im fünften und spätestens ab dem siebten Lebensmonat braucht Ihr Baby für sein Wachstum mehr Energie und Nährstoffe, als ihm Muttermilch oder Flasche bieten können. Gleichzeitig nimmt der Saugreflex langsam ab. Ihr Kind macht Lutsch- und Kaubewegungen. Das Verdauungssystem ist jetzt fit für Neues: Die Beikostzeit beginnt!

Die Ernährung nach dem Stillen

Der Übergang von flüssiger auf breiige Kost verläuft dabei langsam in Etappen. Beginnen Sie mit einigen Teelöffeln Karottenpüree oder geschlagener Banane vor der Mittagsmilchmahlzeit und steigern Sie die Menge von Tag zu Tag. Klappt das Essen vom Löffel noch nicht so recht, versuchen Sie es am nächsten Tag oder später noch einmal. Lassen Sie Ihrem Kind Zeit, sich an die Löffelfütterung zu gewöhnen. Wenn zwischen der Einführung jeder neuen Nahrungskomponente etwa ein bis zwei Wochen liegen, können Sie auch Unverträglichkeiten oder allergische Reaktionen besser erkennen und zuordnen. Hat sich Ihr

Mit Karotten fängt alles an ...
Der Gemüse-Karotten-Fleisch-Fett-Brei

Baby an den Löffel gewöhnt, geben Sie einen Gemüse-Kartoffel-Fett-Brei vor der Mittagsmahlzeit. Es empfiehlt sich ein einfacher Gläschenbrei (Frühkarotten mit Kartoffeln in 125g-Gläsern). Enthält ein Brei keinen Fettzusatz, müssen Sie 10 g Butter oder Keimöl in den erwärmten Brei einrühren (s. Zutatenliste). Die Breimenge sollte etwa 100 g betragen. Verträgt Ihr Kind den Brei gut, ersetzen Sie die Mitttagsmilchmahlzeit durch einen vollständigen Gemüse-Kartoffel-Fleisch-Fett-Brei plus Obstmus ohne Zuckerzusatz. Die Breimenge beträgt 150–200 g und vom 7. Monat an 200–250 g. Bis zu sechsmal pro Woche soll der Speiseplan Ihres Kindes Fleisch enthalten und einmal pro Woche ein Eigelb.

Im Verlauf des sechsten Monats wird die Abendmilchmahlzeit durch einen Vollmilch-Getreide-Obst-Brei ersetzt. Zur Auswahl haben Sie industriell herge-

Nummer zwei:
Der Vollmilch-Getreide-Obst-Brei

stellte Milch-Getreide-Pulver, die mit abgekochtem Wasser angerührt werden. Außerdem gibt es Gries oder Instant-Vollkornflocken. Die Instant-Flocken bereiten Sie mit 3,5%iger frischer pasteurisierter Vollmilch zu. Rohmilch oder Vor-

zugsmilch ist wegen der Keimgefahr nicht für Babys und Kinder bis zum sechsten Lebensjahr geeignet. Dazu kommt etwas Obstmus oder Vitamin C-reicher Saft wie Orangen- oder Sanddornsaft. Um Ihrem Baby das Zahnen zu erleichtern, können Sie ihm nun auch harte Brotkanten zum Beißen und Nuckeln geben.

Die Nachmittagsmilchmahlzeit wird vom 7. Monat an durch den milchfreien Getreide-Obst-Fett-Brei ersetzt. Früher wurde oft Zwieback für diese Mahlzeit verwendet. Bevorzugen Sie stattdessen Vollkorngetreideflocken.

Die vierte Mahlzeit Ihres Babys, das morgendliche Stillen oder die Milchnahrung PRE oder 1, behalten Sie bei. Diese Mahlzeit ersetzen Sie durch Milch- und Getreideprodukte, wenn Sie die Kleinkindkost im 10.–12. Monat einführen.

Industriell hergestellte Säuglingsnahrung und Beikost unterliegen strengen EG-Richtlinien und der Diätverordnung. Deswegen hat sie einige Vorteile, an die Selbstgemachtes kaum heranreicht. Fertigkost enthält nur minimale Mengen an Schadstoffen, die Sie selbst mit Bio-Produkten vom Bauern oft nicht unterbieten können. Da industrielle Kleinkindnahrung nur aus frischer Rohware und schonend zubereitet wird, bleiben die Nährstoffe weitgehend erhalten. Insbesondere wegen des garantiert niedrigen Nitratwertes empfiehlt es

Fertignahrung
-oder selbst zubereiten?

sich, Babys im 5. Monat ausschließlich mit Fertigprodukten zu ernähren. Danach können Sie verstärkt Selbstgemachtes aus Bio-Zutaten füttern oder auch einzelne Komponenten dazugeben: Pellkartoffeln und Fett zum Karottengläschen, frischgeriebener Apfel als Nachtisch ...

Einfache Rezepte zum Selberkochen finden Sie in einigen Broschüren und Büchern, die wir im Anhang zusammengestellt haben.

Prallgefüllt sind die Regale in Super-
märkten mit Gläschenkost und Fertig-
pulvern. Mit ein paar Tips möchten wir
Ihnen den Griff ins Regal erleichtern.
Ernährungsfachleute empfehlen im ersten
Lebensjahr nur wenig Abwechslung im

Die Qual der Wahl:
Im Dickicht von Gläschen und Pulvern

Speiseplan. Bevorzugen Sie wenig Zutaten
und übliche Lebensmittel. Damit beugen
Sie Allergien vor und gewöhnen Ihr Kind
langsam an unterschiedliche Lebensmittel.
Im Gemüse-Kartoffel-Fleisch-Fett-Brei
beispielsweise reichen 5–6 verschiedene
Zutaten. Ihr Baby ißt sogar freudig tagelang dieselbe Gläschenkost.

- Weniger ist mehr! Babys sind keine Feinschmecker!
- Verzichten Sie als Allergieprophy-laxe im ersten Jahr auf folgende Zutaten: Nüsse, Kakao, Schokolade, Gewürze wie Vanille, Aromen, Süd-früchte. Auch bei Tomaten, Eiern und bei Kuhmilch kommt es öfter zu Allergien.
- Bevorzugen Sie Produkte mit Jodzusatz
- Salz und Zucker haben in der Babykost nichts zu suchen.
- Gemüse-Kartoffel-Fleisch-Breie und der Getreide-Obst-Brei sollen Fett enthalten. Entweder beim Einkauf darauf achten oder zu Hause dazugeben.
- Vermeiden Sie in jedem Fall das Nachwürzen von Gläschenkost. Auch, wenn Ihr eigenes Geschmacksempfinden „fade" signalisiert.

Vorsicht bei der Aufschrift „kristall-
zuckerfrei". Auch Saccharose, Maltose,
Maltodextrin, Glukose, Fruktose, Honig
und Apfel- oder Birnendicksaft bedeuten:
Zucker!

*Hilfreich bei der Aus-
wahl von Gläschen-
kost ist die Broschüre
„Empfehlungen für
die Ernährung von
Säuglingen" vom
Forschungsinstitut für
Kinderernährung
Dortmund. Sie enthält
eine Übersicht der
Beikostmahlzeiten
verschiedener Firmen.
Bestelladresse siehe
Anhang.*

Kleinkindernährung

*Kleine Leute haben
große Ansprüche. Sie
brauchen viele Auf-
baustoffe wie Eiweiß
oder Kohlenhydrate,
Fett und Vitamine
sowie Mineralstoffe
und Spurenelemente.
Dazu benötigen sie
Ballaststoffe und
Wasser. Schließlich
müssen sie wachsen,
und das geht nur
mit den nötigen
„Baustoffen".*

Zwischen dem 10. und 12. Lebens-
monat bekommen die Zähne Ihres
Babys weitere Nahrungsmittel und feste-
re Kost zu beißen.
Sie gehen zur
Kleinkindkost über.
Der Verdauungsapparat und der Stoff-
wechsel Ihres Kindes sind jetzt bereit für
mehr Abwechslung im Speiseplan. Statt
Stillen oder Milchflasche am Morgen gibt
es Milch aus der Tasse, Brot oder Müsli.
Der Abendbrei weicht ebenfalls einer
Brotmahlzeit mit Milch und frischem
Gemüse. Der Gemüse-Kartoffel-Fleisch-
Fett-Brei zum Mittagessen bleibt Ihrem

Jetzt wird gekaut!

Baby hingegen noch übergangsweise
erhalten. Nur grob zerdrückt fordert er
die Zähnchen zur Arbeit auf. Nach dem
ersten Geburtstag gleicht sich
auch diese Mahlzeit der Familien-
kost an. Neue Lebensmittel
erscheinen mit zwei Zwischenmahlzeiten
auf dem Speiseplan: Brot oder Getreide-
flocken, Obst, Obstsaft oder Gemüseroh-
kost sorgen für frische Energie zwischen
den Hauptmahlzeiten.

Auf die Zusammenstellung kommt es an

Damit Ihr Kind im zweiten Lebensjahr alle Nährstoffe bekommt, die es braucht, ist eine abwechslungsreiche Ernährung wichtig. In den verschiedenen Lebensmitteln stecken unterschiedliche Vorzüge. Wie eine gesunde Mischkost aussieht, zeigt Ihnen sehr anschaulich und leicht verständlich der „Ernährungskreis" der Deutschen Gesellschaft für Ernährung. Er gilt übrigens nicht nur für die Kleinen ...

Dieser „Ernährungskreis" ist praktisch. Sie müssen sich um Nährwertberechnungen wie Vitamin- oder Mineralstoffmengen keine Gedanken machen. Die sieben Nahrungsmittelgruppen weisen Ihnen den Weg. Je dicker das „Tortenstück", desto größer sollte der Anteil dieser Lebensmittel sein. Setzen Sie sich aber nicht unter Druck: Sie müssen nicht über Nacht Ihre gesamte Ernährung umkrempeln. Kleine Schritte, die Sie mit Spaß und Experimentierfreude gehen, sind für Ihre ganze Familie ein Gewinn.

Der „Ernährungskreis":
Vollwertige Ernährung für die ganze Familie

Die Basis der Ernährung für große und kleine Leute stellen Getreide, Getreideprodukte und Kartoffeln dar. Mehr als ein Viertel der täglichen Nahrungsmittel soll aus dieser Gruppe kommen. Das raten moderne Ernährungswissenschaftler. Benutzen Sie deswegen Vollkornprodukte, wann immer es geht. Vollkorngetreide können Sie als Beilage verwenden oder im Müsli anbieten. Natürlich können Sie auch mit Vollkornnudeln, -pizza und -kuchen experimentieren. Dazu

Gruppe 1
Getreide und Kartoffeln

kommen täglich ein bis zwei Scheiben Vollkornbrot auf den Kinderteller. Sehr wichtig im Speiseplan sind auch Kartoffeln. Pro Woche sollten sie als Beilage fünf bis sechs Mal dabei sein, jeweils 80 bis 100 g für Ihr Kleinkind.

Zusammen mit den Lebensmitteln der Gruppe 1 stellen Gemüse und Hülsenfrüchte die Hälfte der täglichen Mahlzeiten. Dabei sichern Sie mit 100 bis 120 g frischem Gemüse pro Tag und Abwechslung in der Gemüseauswahl eine gute Versorgung Ihres Kindes. Die Menge entspricht etwa einer mittelgroßen Karotte oder einem halben Kohlrabi. Ein Drittel davon sollte Ihr Kind roh essen: als Salat oder auch mal frisch in Gegartes geraspelt. Sie können zum Beispiel eine Möhre in die fertige Gemüsesuppe reiben. Auch Gemüsemuffel akzeptieren „verstecktes Grünzeug" im Kartoffelsalat, in Pfannkuchen oder Aufläufen. Hülsenfrüchte – Linsen, Bohnen oder Kichererbsen – können Sie zum Beispiel in Suppen verpacken. Sie sollten mindestens einmal pro Woche im Essen mitmischen.

Gruppe 2
Gemüse und Hülsenfrüchte

Manche Gemüsesorten lagern relativ viel Nitrat ein. Bringen Sie diese deswegen nicht zu oft auf den Tisch und sorgen Sie insgesamt für Abwechslung bei der Gemüseauswahl. Denn Nitrat kann im Körper zu krebsbildenden Nitrosaminen umgebildet werden. Nitratreich sind Blattgemüse, Kopfsalat, Fenchel, Stielmangold, Feldsalat und Spinat sowie einige Kohlsorten: China-, Grün- oder Weißkohl und Wirsing. Außerdem Rote Rüben, Rettich und Radieschen, leicht zu merken an den „R". Entfernen Sie Strunk, Blattrippen und äußere Blätter. Denn dort lagert sich das Nitrat bevorzugt ab. Verzichten Sie auf Treibhausware, vor allem Blattsalate im Winter.

Der dritte Grundpfeiler in der Ernährung sind Obst und Nüsse. Nüsse ergänzen als Zutat in Müslis oder Quarkspeisen die vollwertige Ernährung. Obst ist gemeinsam mit dem Gemüse eine wichtige Vitaminspritze und liefert schnell verfügbare Energie für zwischendurch. Ein mittelgroßer Apfel oder Pfirsich, eine mittelgroße Birne oder Banane entsprechen 100 bis 120 g. Das ist die empfohlene Tagesmenge an frischem, möglichst rohem Obst. Wenn Ihr Kind zu den „Vitaminmuffeln" zählt,

Gruppe 3
Obst und Nüsse

schmeckt der Pfirsich vielleicht besser als Fruchtmus oder rutscht leichter als lustiges Deko-Gesicht auf einem leckeren Quark. Manchmal hilft es Kindern auch, wenn sie mit Papa oder Mama gemeinsam das Apfelstück knabbern und beim Einkauf mit auswählen dürfen.

Das Kindertee-
programm aus
der Apotheke.
Ohne Zugabe
von Zucker und
Aromastoffen.

Ob groß oder klein: Trinken wird all-
zuoft vernachlässigt. Dabei ist Flüssigkeit so wichtig, damit der Stoffwechsel
funktioniert. Beim Übergang zur Kleinkindkost zwischen dem 10. und
12. Monat genügen Ihrem Kind
200 ml pro Tag. Kleinkinder
brauchen etwa einen halben
bis drei Viertel Liter Flüssigkeit täglich.
Bei heißem Wetter, wenn sie krank sind
oder heftig spielen und toben, benötigen
sie sogar noch mehr.

Gruppe 4
Getränke

Unser Tip:
Empfehlenswerte Getränke sind
Trink- oder Mineralwasser sowie
ungesüßte Früchte- und Kräuter-
tees. Mit diesen Getränken ver-
meiden Sie eine frühzeitige
Gewöhnung an Süßes und beu-
gen Karies vor. Verwenden Sie
Tees, denen keine Aromen oder
Zucker zugefügt sind und die die
Bestimmungen der Diätverord-
nung erfüllen. Kinder- und Säug-
lingstee mit einer ausgewogenen
Kräutermischung können Sie
Ihrem Baby bereits vom vierten
Lebensmonat an geben. Dreikäse-
hochs von einem Jahr an lieben
oft Früchtetees als Durstlöscher.
Kalt oder heiß getrunken, sind
zum Beispiel Früchtetees erfri-
schend und gut verträglich:
Verwenden Sie Tees, die wenig
Fruchtsäure enthalten. Nicht
zu empfehlen sind Getränke
mit Zuckerzusatz. Dazu zählen
Fruchtnektare, Fruchtsaftgetränke
und manche Instant-Tees für
Babys und Kinder.

Übrigens: Um die Zähne Ihres
Kindes vor Karies zu schützen,
tauschen Sie am besten gegen
Ende des ersten Lebensjahres
die Flasche gegen einen Becher
mit Trinkhilfe aus.

Welches Wasser sich für die Tee-
zubereitung oder pur als Getränk
für Säuglinge und Kleinkinder eignet, können Sie im Kapitel über die Säuglingsmilchnahrung nachlesen.
Kann sich Ihr Kind weder für Wasser
noch für Tee „pur" begeistern, hilft möglicherweise ein Schuß Fruchtsaft im
Getränk. Experimentieren Sie ruhig ein
wenig. Oft wecken Phantasiedrinks aus
Tees und/oder hundertprozentigen Säften
mit Wasser die Neugier der Kleinen.
Auch manches schicke Trinkgefäß mit
buntem Halm hat schon Großes bewirkt
... Und wenn gar nichts geht: In Wasser-
melone, Gurke und Tomate steckt ebenfalls viel Flüssigkeit.

Milch ist eines der wertvollsten Grundnahrungsmittel. Für Kinder ist sie besonders wegen ihres hohen Kalziumgehaltes für den Zahn- und Knochenaufbau

Gruppe 5
Milch und Milchprodukte

unerläßlich. Dieser Mineralstoff steckt auch in Sauermilchprodukten und Hartkäse. Weitaus weniger liefern Quark und Weichkäse. Bereits 300 bis 330 ml Milch bzw. Sauermilchprodukte täglich oder zwei Scheiben Hartkäse à 30 g reichen aus, um Ihr Kind gut zu versorgen. Käsegrundlage und Trinkmilch sollten dabei in jedem Fall pasteurisiert sein. Unerhitzte Rohmilch und Rohmilchkäse sowie Vorzugsmilch eignen sich nicht für Kinder unter sechs Jahren, da sie noch Keime enthalten können. Müssen Sie Ihr Kind gänzlich ohne Milchprodukte ernähren, erfordert das eine besonders sorgfältige Nahrungsmittelauswahl. Fragen Sie Ihren Kinderarzt oder die Ernährungsberatung.

Falls Ihnen die regelmäßigen Fleischrationen während der Beikostzeit ein Dorn im Auge waren: Jetzt ist Schluß

Gruppe 6
Fleisch, Fisch und Eier

damit. Denn nun gelten ähnliche Empfehlungen wie für Erwachsene: Fleisch, Wurst und Eier sollen nicht täglich und nur in geringen Mengen auf den Tisch. Ein- bis zweimal pro Woche etwa 40 bis 50 g Fleisch sind genug. Ein bis zwei Eier pro Woche – inklusive „versteckter" Eier in Aufläufen – reichen Ihrem Kind völlig aus. Speisen mit Innereien sind sogar nur selten angesagt. Fleisch und Wurst können jetzt reduziert werden. Hauptsache, Ihr Kind erhält

Milch und Eier sowie eisenreiche Getreide (Hirse, Roggen, Grünkern und Hafer) und eisenhaltige Gemüse (grünes Gemüse, Möhren und Schwarzwurzeln). Auf die Einkaufsliste gehören statt dessen Seefische wie Kabeljau, Seelachs oder Rotbarsch. Ein bis zwei Portionen à 50 bis 70 g Seefisch pro Woche versorgen Ihren Nachwuchs mit dem wichtigen Spurenelement Jod.

Gruppe 7
Fette und Öle

Nicht umsonst fällt das „Tortenstück" dieser Lebensmittelgruppe so winzig aus. Wir nehmen viele sogenannte versteckte Fette zu uns. Sie sind in Wurst oder Käse, Nüssen aber auch in Produkten wie Nuß-Nougat-Creme enthalten. Deswegen können und sollen wir mit „offenen" Fetten sparsam umgehen. Bei den empfohlenen 10 bis 15 g Fett pro Tag bevorzugen Sie pflanzliche Öle, speziell Soja-, Sonnenblumen- und Maiskeimöl, da sie über ein besonders gutes Verhältnis essentieller Fettsäuren verfügen.

Ist es Ihnen aufgefallen? Genußmittel wie Süßigkeiten oder Knabbereien tauchen im Ernährungskreis gar nicht auf. Sie liefern nämlich keine wichtigen Nährstoffe. Stattdessen machen sie dick, nehmen den Appetit auf die Mahlzeiten und verursachen Karies. Nahezu jedes Kind kommt aber irgendwann auf den süßen Geschmack. Verbote machen das Naschwerk auf Dauer meist besonders unwiderstehlich. Deswegen gewöhnen Sie Ihr Kind nicht an Süßes. Ein kontrollierter, maßvoller Verzehr ist in Ordnung – und hinterher möglichst Zähne putzen.

Wenn das Kind eine Naschkatze ist

Bedenken Sie dabei, daß Honig, Trockenfrüchte und Fruchtdicksäfte in ihrer Wirkung keine Vorzüge gegenüber dem Haushaltszucker aufweisen. Auf Süßstoffe auszuweichen, ist für Kinder auch nicht empfehlenswert. Die Geschmacksschwelle für „süß" wird dadurch nicht gesenkt.

Mit der typischen Neugier eines Dreikäsehoch entdeckt Ihr Kind das Essen auf dem Familientisch für sich. Lassen Sie sich und Ihrem Kind Zeit bei den Mahlzeiten. Es wird bald mit Löffel und Gabel umgehen und – ganz wichtig für die Zukunft – Spaß am Essen haben. Den verderben Sie mit Bemerkungen wie: „Der Teller wird leer gegessen" und „Nun sitz aber gerade". Konflikte sollten Sie nicht am Tisch austragen – das verdirbt ebenfalls den Appetit.

Ein kleiner Ausflug in die Ernährungserziehung

Natürlich garantieren diese Tips nicht, daß Ihr Sprößling immer alles essen wird. Bereits die Kleinen haben ihre Geschmacksvorlieben oder -abneigungen und durchleben verschiedene Phasen. Machen Sie es zur Regel, daß von allem zumindest ein bißchen probiert wird. So bekommen auch Gemüsemuffel eine Miniportion Vitamine in den Magen. Ein Mitbestimmungsrecht beim Speiseplan vermeidet zusätzlich Frust. Klappt es mit dem Essen trotzdem nicht recht, ist ein Blick auf den eigenen Teller und das Eßverhalten der Eltern manchmal hilfreich. Was Sie selbst nicht mögen, lehnt auch Ihr Kind eher ab. Was und wieviel essen Sie von den einzelnen Komponenten? Oder fehlt es etwa allen manchmal an Hunger, weil zwischendurch genascht wurde? Unterschätzen Sie nicht Ihre Vorbildfunktion hinsichtlich Essen und Trinken! Halten Probleme in Zusammenhang mit dem Essen an und sind Sie unsicher, ob Ihr Kind ausreichend ernährt ist, bekommen Sie fachkundige Unterstützung bei Ihrem Kinderarzt oder von einer Ernährungsberatung.

Auch Kleinkinder sollen noch salzarm und mild, möglichst mit Kräutern gewürzt essen. Geben Sie kurz vor dem Essen die Portion für Ihren Knirps auf den Teller. So hat man neben dem besseren Geschmack einen weiteren Vorteil: Langes Pusten und ungeduldiges Geschrei Ihres kleinen Hungerleiders entfallen. Anschließend würzen Sie für die Großen nach. Aber verbannen Sie den Salzstreuer vom Eßtisch.

Berufstätigkeit oder auch einfach persönlicher Freiraum sind für beide Elternteile heute keine Fremdwörter mehr. „Nur Rabenmütter geben ihre Kinder fremden Leuten" – diese Einstellung hat sich glücklicherweise geändert. Kinder, die schon sehr früh zum Beispiel in Krabbelgruppen betreut werden, entwickeln sich genauso wie andere Kinder. Garantiert sein muß jedoch eine kontinuierliche und vertrauensvolle Betreuung. Entscheidend ist, daß die Kinder eine Beziehung zu ihrer Betreuerin oder ihrem Betreuer aufbauen können.

Es gibt Situationen in der frühen Lebensphase der ersten drei Jahre, in denen Sie Ihr Kind in größerem oder kleinerem Umfang durch andere Personen betreuen lassen können und möchten. Wenn Sie dabei einige Aspekte beachten, tut das Ihnen und Ihrem Kind gleichermaßen gut.

Mit der Geburt beginnt die Trennung des Kindes von der Mutter. Die Bindung zu den Eltern als primären Bezugspersonen ist in den ersten Lebensjahren unbestritten wichtig. Dennoch profitiert Ihr Kind ungemein von Kontakten, die es schrittweise aus der Familie hinausführen.

Kleine Kinder gehören am besten zur Mutter – oder?

Damit Sie im Alltag zufrieden sind, ist es wichtig, daß Sie sich nicht nur noch als „Mama" und „Papa" fühlen. Zunehmend sollten Sie auch wieder etwas für die Paarbeziehung oder für sich alleine tun. Vielleicht gehören Sie zu den Paaren, bei denen sich das abendliche stundenweise „Babysitting" ganz unkompliziert und obendrein kostenlos gestaltet. Einsatzfreudige Großeltern sind zur Stelle. Das ist eine schöne Lösung, da es für Enkel und Großeltern besonders erquicklich ist, ohne Ihre „Aufsicht" zusammen zu sein. Für ein paar Stunden hin und wieder schadet es auch nicht, wenn Ihr Kind bei Oma oder Opa richtig verhätschelt wird und Dinge darf, die zu Hause verboten sind. Bei den Großeltern zu sein ist für die meisten Kinder etwas ganz Besonderes – das merken sie schon früh. Und auch für Sie als Eltern ist es oftmals sehr erfreulich, dem eigenen Vater zuzusehen. Früher hatte er so wenig Geduld und jetzt trägt er mit aller Zeit der Welt das Enkelkind umher und zeigt ganz neue Seiten von sich.

Nur zufriedene Eltern können gute Eltern sein

Abends mal ausgehen, Freundschaften pflegen: Das sind Ihre Bedürfnisse, für die Sie sich nicht rechtfertigen müssen.

Vielleicht gehören Sie aber zu einer der vielen Familien, die auf diese Möglichkeit verzichten müssen. Dann sollten Sie sich für Ihre gemeinsame Freizeit eine Babysitterin organisieren. Es gibt eine ganze Menge junger Leute, die sich auf diese Weise ihr Taschengeld aufbessern, und sehr liebevoll mit Ihrem Kind umgehen. In Städten gibt es häufig Babysittervermittlungsagenturen, an die Sie sich wenden können. Natürlich können Sie auch in Ihrer Tageszeitung inserieren oder ein Gesuch bei Ihrem Bäcker aushängen. Ganz billig ist Ihr Freizeitvergnügen dann allerdings nicht! Je nach Alter und Gegend bekommen die jungen Leute einen Stundenlohn von 10 DM aufwärts. Ein Abend im Kino mit anschließendem Essengehen wird dann für Paare mit durchschnittlichem Einkommen zum seltenen Vergnügen!

Aber seien Sie erfinderisch: Es gibt immer auch unkonventionelle Lösungen. Sie können Ihre Babysitterin vielleicht zeitweise mit Nachhilfeunterricht über schulische Durststrecken heben. Das honoriert sie, indem sie kostenlos Ihr Kind hütet.

Vielleicht finden Sie auch eine „Leihoma", die sich gerne hin und wieder um Ihr Kind kümmert. Sie nehmen ihr dafür den schweren Einkauf ab oder fahren sie zum weit entfernten Arzt. Auch hierfür gibt es neuerdings Vermittlungsdienste – fragen Sie bei Ihrer Kirchengemeinde oder der Stadtverwaltung nach. Natürlich können Sie sich auch mit anderen Eltern zusammentun und Ihre eigene Krabbelgruppe gründen.

Aus persönlichen oder finanziellen Gründen werden oft beide Elternteile schon vor dem Kindergartenalter ihres Sprosses wieder berufstätig. Besonders für die Mütter ist das meist kein leichter Schritt.

Wenn's um mehr als Freizeit geht

Vielleicht gehören auch Sie zu den Frauen, die sich lange auf ein Kind gefreut haben und jetzt feststellen: Der Beruf außer Haus fehlt Ihnen mehr, als Sie es ahnten.

Je kleiner Ihr Kind ist, desto schwerer fällt beiden Seiten bisweilen die zeitweise Trennung. Darum ist es bedeutsam, daß Sie eine zuverlässige Betreuungsperson finden. Nur dann geht es Ihnen und Ihrem Kind gut.

Wenn sich auch hier die Großeltern anbieten, sollten Sie darüber gründlich nachdenken. Es ist etwas anderes, ob die Großeltern mit den Enkeln zum Freizeitvergnügen zusammenkommen oder ob die Betreuung zum Alltag gehört. Sind Oma und Opa der alltäglichen Belastung wirklich noch gewachsen? Ist Ihr Verhältnis zu den Eltern/Schwiegereltern offen genug, daß Vereinbarungen bezüglich Erziehungsfragen ehrlich verhandelt und eingehalten werden?

Auch wenn Großelternbetreuung für Sie finanziell sehr attraktiv ist – alles hat letztlich keinen Wert, wenn Sie gegeneinander arbeiten. Ihr Kind wird leicht zerrieben in offenen oder verdeckten Spannungen zwischen den Generationen.

- Beide Elternteile sollten grundsätzlich damit einverstanden sein, daß die Großeltern die Kinder mitbetreuen.
- Alle Erziehungsfragen müssen im Vorfeld klar benannt werden.
- Die Eltern bestimmen die Regeln des Zusammenlebens, die Großeltern haben jedoch auch ihre Rechte (Prinzipien nicht zu ernst nehmen).

Eine Tagesbetreuung für Kinder unter drei Jahren ist zunächst schwieriger zu organisieren als ein Kindergartenplatz – aber Möglichkeiten gibt es viele. Welche für Sie in Frage kommen, hangt von Ihrem Wohnort, Ihrem Platz zu Hause, Ihren finanziellen Gegebenheiten und dem zeitlichen Umfang der benötigten Betreuung ab.

44

Ob Sie zwei Vormittage oder jeden Tag außer Haus berufstätig sind: Eine Tagesmutter ist in jedem Fall eine

Die Tagesmutter als flexible Lösung

gute Lösung. Sie können sich mit ihr sehr individuell absprechen. In vielen Städten und Gemeinden helfen Ihnen Agenturen dabei, diejenige Tagesmutter zu finden, die Ihren Bedürfnissen bestmöglich entgegenkommt.

In der Regel verbringt Ihr Kind die Zeit der Betreuung im Haushalt der Tagesmutter – zusammen mit deren Kindern oder mit ihr alleine, je nach familiärer Situation. Das Honorar für diese Tätigkeit ist sehr

unterschiedlich – es liegt zwischen 8 und 16 DM in der Stunde. Wenn Ihre Tagesmutter mehrere fremde Kinder betreut und diese Arbeit „gewerbsmäßig" ausführt, benötigt sie gemäß § 44 des Kinder- und Jugendhilfegesetzes (KJHG) eine Pflegeerlaubnis vom Jugendamt. Das ist unter anderem aus versicherungstechnischen Gründen wichtig. Erkundigen Sie sich im Zweifelsfall bei Ihrem Jugendamt oder beim:
Bundesverband für Kinderbetreuung in Tagespflege e.V., Breite Straße 2, 40670 Meerbusch
Telefon 021 59 / 13 77
Fax 021 59 / 20 20

Vielleicht haben Sie mehrere Kinder zu betreuen, und eines muß während Ihrer Abwesenheit in den Kindergarten oder zur Schule gebracht werden. Außerdem möchten Sie gerne, daß auch im Haushalt das eine oder andere erledigt wird. Dann ist eine Kinderfrau die richtige Lösung. Sie kommt zu Ihnen nach Hause und erledigt innerhalb des vereinbarten Zeitraums, was Sie mit ihr absprechen. Das sollte Ihnen die Person, die sich während Ihrer Abwesenheit um Ihr Liebstes kümmert aber unbedingt wert sein! Möglicherweise haben Sie in Ihrer Wohnung ein Zimmer frei und sind bereit, Ihren Alltag mit einem jungen Menschen (25 Jahre ist die Altersgrenze) aus dem Ausland zu teilen. Wenn Sie ihm helfen wollen, Deutsch zu lernen und etwa 30 Wochenstunden Hilfe bei Kinderbetreuung und leichter Hausarbeit benötigen, ist eine Au-pair-Hilfe eine gute und finanziell akzeptable Lösung. Früher war dieser Job jungen Frauen vorbehalten – inzwischen gibt es auch Männer, die auf diese Weise Erfahrungen im Ausland sammeln.

Kinderfrau oder Au-pair-Hilfe?
Kinderbetreuung plus Hilfe im Haushalt –

Die Au-pair-Hilfe bleibt für ein Jahr in Ihrer Familie. Sie zahlen ihr 400 DM Taschengeld monatlich und ermöglichen ihr die Teilnahme an einem Sprachkurs. Bei der Suche wenden Sie sich am besten an eine der im Anhang aufgeführten Au-pair-Vermittlungsstellen. Diese dienen auch als Anlaufstelle, falls es Probleme im Zusammenleben gibt. Denken Sie daran, daß zum Teil sehr junge und unerfahrene Männer und Frauen in die Familien kommen. Wenn alles gutgeht, kann so ein junger Mensch jedoch fast zu einem Familienmitglied werden und alle Seiten haben gleichermaßen – eben au-pair – etwas davon. Für alle diese privaten Lösungen gilt: Treffen Sie genaue Absprachen – am besten schriftlich – über Ihre gegenseitigen Erwartungen und halten Sie diese unbedingt ein. Es sollte sich kein „Schlendrian" einschleichen. Kleinigkeiten können das Verhältnis auf Dauer belasten. Die fünf Minuten Unpünktlichkeit ständig werden dann zum Streitpunkt.

Für Tagesmutter und Kinderfrau gilt gleichermaßen: Sobald die Arbeitszeit oberhalb der sozialversicherungspflichtigen Einkommensgrenze liegt, müssen Sie Ihre Betreuungsperson selbstverständlich beim Finanzamt melden und Sozialabgaben für sie zahlen.

Wenn Ihr Kind mindestens sechs Monate alt ist, kommt auch eine Krabbelgruppe oder Kinderkrippe in öffentlicher oder privater Trägerschaft für Sie in Frage. Dort wird Ihr Kind in überschaubaren Gruppen gemeinsam mit anderen Kindern von ausgebildeten Fachkräften betreut. Der Betreuungszeitraum richtet sich nach den Öffnungszeiten der Einrichtung. Sie können ihn also nur in diesem Rahmen individuell absprechen. Krabbelgruppen oder Krippen haben meist lange Wartelisten. Fragen Sie also rechtzeitig nach einem Platz für Ihr Kind.

Die Krabbelgruppe
für Kinder unter drei

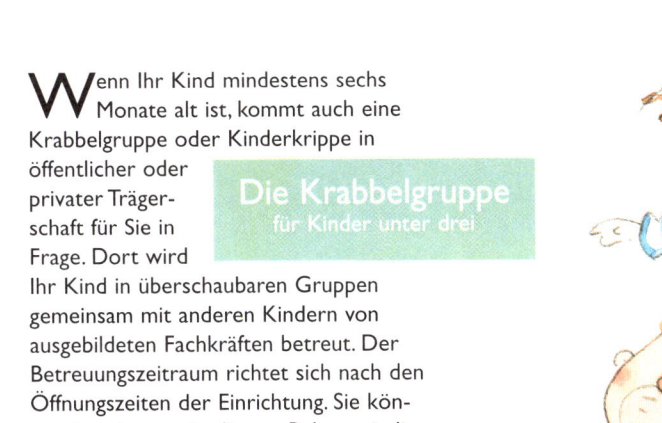

Ob Ihr Kind von einer Person alleine oder in einer Gruppe betreut wird – beides tut ihm gut. Wichtig ist, daß Sie die Auswahl sorgsam treffen. Dabei soll-

Größte Sorgfalt bei der Auswahl

ten Sie Ihr Kind mit seinen Bedürfnissen und Eigenheiten als wichtigsten Entscheidungsfaktor im Blick haben.

Schauen Sie sich die Personen, die Sie für die Betreuung Ihres Kindes auswählen, genau an. Beobachten Sie Ihr Kind und diesen Menschen im Umgang miteinander genau.

Der Mensch, mit dem Ihr Kind in Zukunft viel Zeit verbringen wird, sollte eine positive Grundhaltung mitbringen und Ihrem Kind offen begegnen.

Das Interesse an Ihrem Kind und seinem Wesen ist wichtiger als die stets propper saubere Windel und das pünktlich gewärmte Gläschen.

Lassen Sie Ihr Kind nur dort, wo Sie fühlen, daß es willkommen ist. Fragen Sie danach, was die zukünftige Betreuungsperson für Kinder in diesem Alter besonders wichtig findet. Wenn die Antwort mit Ihrer Haltung übereinstimmt oder sogar anregend für Sie selbst ist, ist das eine gute Grundlage.

Nehmen Sie sich möglichst einige „Gewöhnungstreffen" vor, bevor es ernst wird. Kinder machen „Fremdelphasen" durch. Da müssen Sie als Eltern eventuell länger „üben" oder auch mal ertragen, ein weinendes Kind zurückzulassen. Diese Situation bewältigen Sie und Ihr Kind garantiert besser, wenn Sie überzeugt sind: Mein Kind ist in guten Händen. Folgende Punkte können Ihnen bei der Entscheidung helfen:

- Freiräume für Entdeckungsreisen mit anderen Kindern oder aber nur für Ihr Kind sollten vorhanden sein.
- Der Alltag in der Krabbelguppe oder bei der Tagesmutter sollte nicht zu reglementiert sein. Dadurch erhält jedes Kind seinen individuellen Entwicklungsraum.

Körperpflege des Kindes

Das Angebot an duftenden Badezusätzen, parfümierten Lotionen und Feuchttüchern nimmt ganze Wände in den Drogeriemärkten ein. Erst wird der Haut des Babys im parfümierten Schaumbad die natürliche Schutzhülle abgewaschen, um

Parfüm für Babyhaut?

anschließend wenigstens einen Teil davon mit pflegenden Cremes und Lotionen wieder zu ersetzen. Die meisten der angebotenen Produkte enthalten Konservierungs- und Duftstoffe. Angesichts der dramatischen Zunahme von Allergien lohnt es sich, einen Moment darüber nachzudenken, wieviel Chemie man einem Baby wirklich zumuten darf. Babys riechen von Natur aus gut. Sie müssen sicher nicht in künstliche Duftwolken gehüllt werden. Wenn Sie auf einen Zusatz zum Badewasser nicht verzichten möchten, dann wählen Sie ein sehr mildes Badeöl, das möglichst frei von Konservierungsstoffen ist. Zum Rückfetten genügt aber auch ein kleiner Schuß Pflanzenöl aus der Küche, zum Beispiel Sonnenblumenöl.

Bis vor wenigen Jahren wurde empfohlen, Babys täglich ausgiebig zu baden. Heute wissen wir aber, daß die Haut

Baden

des Babys von einem „Mantel" umgeben ist, der neben Schweiß, Fett und vielen anderen Substanzen auch Keime enthält, mit denen das Baby von Anfang an vertraut ist. Krankmachende Erreger können die Barriere dieses Schutzmantels normalerweise nicht passieren.

In der modernen Säuglingspflege wird deshalb versucht, die natürlichen Schutzfunktionen des kleinen Körpers zu erhalten. Unmittelbar nach der Geburt wird das Kind nur ganz kurz gebadet, um ihm die sogenannte Käseschmiere nicht ganz abzuwaschen. Die Käseschmiere ist eine Schicht aus Talg, die die Haut im Fruchtwasser schützt.

Auch danach wird heute grundsätzlich empfohlen, die Kinder nur ein- bis zweimal pro Woche kurz zu baden. Natürlich gilt hier wie immer die Regel der Vernunft: Wenn das Baby stark geschwitzt oder die Windel einmal nicht „dicht" gehalten hat, dann ist ein zusätzliches Bad selbstverständlich eine Wohltat.

Vor dem Baden legen Sie sich alles zurecht, was Sie benötigen: milde Seife, Waschlappen, ein oder zwei Spielsachen fürs Wasser, Handtücher, frische Wäsche, eine Windel. Entfernen Sie eventuelle Stuhlreste, bevor der Badespaß beginnt.

Die Temperatur des Badewassers überprüfen Sie am besten mit einem Badethermometer. Sie sollte bei etwa 36°C liegen. Machen Sie aber immer auch einen kurzen Temperaturtest mit Ihrem

Spaß beim Baden

Ellenbogen. Hier ist die Haut besonders empfindlich. Bei etwas älteren Babys darf das Wasser für ein kurzes „Erfrischungsbad" im Sommer auch ruhig weniger warm sein.

Sie sollten Ihr Kind in einer ruhigen, entspannten Atmosphäre baden. In den ersten Lebensmonaten wird das Baby die sanfte Wärme genießen. Mit ein paar Monaten entdeckt es die Lust am Planschen, Spritzen und Toben. Lassen Sie es gewähren. Die Fliesen im Bad sind hinterher schnell wieder trockengerieben – und daß Ihr Baby freudig mit dem neuen Element Wasser umgeht, bereichert seine Erfahrungswelt.

Vorsicht: Lassen Sie Ihr Kind auch dann nicht alleine in der Badewanne, wenn es schon sicher sitzen kann. Bis etwa zum Schulalter können Kinder in fingertiefem Wasser ertrinken, wenn Sie mit dem Gesicht nach unten hineinfallen. Vor Schreck befreien sie sich nicht aus ihrer lebensbedrohlichen Situation. Darum gilt: Kleine Kinder am oder im Wasser nie allein lassen!

Morgens und abends: Katzenwäsche

Morgens und abends sowie nach Bedarf waschen Sie Ihr Baby mit einem frischen Waschlappen und lauwarmem Wasser. Beginnen Sie dabei beim Gesicht, waschen Sie dann vorsichtig Arme und Hände, anschließend die Beine und Füße. Für den Windelbereich benutzen Sie einen eigenen Waschlappen, den Sie unbedingt jeden Tag wechseln sollten. Im feuchten Waschlappen wachsen Keime und Bakterien schnell.

Die Haare Ihres Kindes waschen Sie am besten gegen Ende der Badezeit, damit es sich nicht erkältet. Bei Säug-

Haare waschen

lingen genügt es, klares Wasser über die Haare laufen zu lassen. Wenn Sie ein Shampoo benutzen möchten, sollten Sie sich für ein spezielles Babyshampoo entscheiden. Die Babyshampoos haben den Vorteil, daß sie ganz besonders sanfte Waschsubstanzen enthalten. Ihr Schaum brennt nicht in den Augen.

Pflege im Windelbereich

Wie oft Sie die Windeln wechseln müssen, läßt sich nicht mit einer Zahl benennen. Wickeln Sie Ihr Baby am besten zu jeder Mahlzeit, und wechseln Sie die Windel immer schnell, wenn Ihr Kind Stuhlgang hatte. Auch der Harnstoff reizt auf die Dauer die Haut, weswegen Sie feuchte Windeln bald wechseln sollten.

Wenn Sie die Windel geöffnet haben, können Sie das Gröbste zuerst mit sehr weichen Papiertüchern (Zellstofftüchern) oder mit feuchter Watte abwischen. Anschließend reinigen Sie mit warmem Wasser und sehr milder Babyseife noch einmal den ganzen Windelbereich. Waschen Sie den Waschlappen dabei mehrmals entweder unter fließendem, lauwarmem Wasser oder in einer Waschschüssel aus.

Alle Hautfalten werden sorgfältig gereinigt. Bei Mädchen ziehen Sie die großen Schamlippen vorsichtig auseinander. Reinigen Sie die Scheide immer nur von vorne zum Po hin. Andernfalls besteht die Gefahr, daß Sie Darmbakterien in die Scheide reiben, die unangenehme Infektionen verursachen können.

Geschlechtsteile

Zwischen den kleinen Schamlippen dürfen Sie nie reinigen. Das Scheideninnere reinigt sich selbst.

Bei Jungen berücksichtigen Sie insbesondere die Hautfalten unter dem Hodensack. Im ersten Lebensjahr dürfen Sie die Vorhaut zum Reinigen nicht zurückschieben. Erst wenn sie sich allmählich ganz von allein ohne „sanfte Gewalt" lösen läßt, sollten Sie beim Waschen auch die Haut darunter säubern. Wenn sich die Vorhaut auch später nicht zurückschieben läßt, können Sie bei einem Arztbesuch klären, ob eventuell eine Verengung vorliegt.

Nach dem Waschen ist es wichtig, daß Sie alle Hautfalten wieder gut abtrocknen, damit Ihr Baby nicht wund wird. Sie können anschließend bei Bedarf auch ein wenig Babypuder benutzen.

Pflegeprodukte

Achten Sie aber darauf, daß Sie keine Puderwolken verbreiten. Man hat festgestellt, daß Puderstaub die Atemwege des Babys reizt. Puder sollten Sie übrigens nicht gemeinsam mit einer Babycreme benutzen. Die beiden Pflegeprodukte vermischen sich zu klebrigen, zähen Bröseln, die an Babys Po scheuern. Wenn Sie eine Creme benutzen, dann tragen Sie diese stets sparsam auf.

Eine gute Windel sorgt dafür, daß keine Nässe an der Haut des Kindes bleibt und so der Po immer schön trocken ist.

Kleine Windelkunde

Bei guten Windeln leitet ein spezielles Verteiler-Vlies die Nässe ganz schnell weg von Babys Po ins Windelinnere. Hier schließt ein starker Saugkern die Nässe sicher ein. Spezielle Saugkügelchen im Saugkern nehmen ein Vielfaches ihres Gewichts an Flüssigkeit auf, so daß selbst bei Druck keine Flüssigkeit mehr freigegeben wird. Ein Auslaufschutz am Windelrand gibt noch zusätzliche Sicherheit. Und mit den Klettverschlüssen läßt sich die Windel immer wieder öffnen und schließen.

Damit die Windel gut sitzt und Ihr Baby sich wohl fühlt, sollten Sie für die einzelnen Entwicklungsphasen immer die passende Windel wählen. Die Windel darf den Bewegungsdrang des Babys nicht einschränken und soll die natürliche Spreizhaltung der Beinchen unterstützen. Dies ist vor allem für die richtige Entwicklung der Hüftgelenkspfanne wichtig.

Den Übergang zum Sauberwerden schaffen Sie bequem mit speziellen Windelhöschen, die man ganz einfach an- und ausziehen kann. Sollte doch mal etwas in die Hosen gehen, bieten sie den vollen Nässeschutz einer Windel.

Frische Luft für Babys Po

Babys lieben es, nackt zu strampeln. Gönnen Sie Ihrem Kind ab und zu ausgedehnte Strampelzeiten. Viele Kinder bewegen sich ohne Windel besonders gern. Achten Sie darauf, daß der Raum, in dem das Baby nackt liegen darf, warm genug ist. Legen Sie ein Handtuch unter den Po Ihres Kindes, falls doch mal etwas daneben gehen sollte.

Wundsein

Wird Ihr Baby trotz sorgfältiger Pflege einmal wund, dann kann es dafür viele Ursachen geben. Manche Babys reagieren auf bestimmte Nahrungsmittel oder Medikamente wie Antibiotika mit Wundsein. Oft führen auch kleine Änderungen der Pflegegewohnheiten oder der Ernährung zu Reizungen. Für die strapazierte Haut können „Luftbäder" – also ausgedehnte Strampelzeiten ohne Windel – wahre Wunder wirken. Wenn der Po richtig wund ist, können Sie das Baby auch auf den Bauch legen und die roten Stellen auf niedrigster Temperatur mit dem Fön „anpusten". Halten Sie dabei unbedingt einen Abstand von mindestens 50 cm ein. Läßt die Reizung der Haut trotzdem nicht nach, sollten Sie den Kinderarzt aufsuchen.

Fixies

Für ihre gesunde Entwicklung brauchen Kinder viel Liebe und Körperkontakt. Babys lieben deshalb das Waschen, Abtrocknen und Cremen. In einem warmen Zimmer können Sie die Zeit auf dem Wickeltisch zum Schmusen und Spielen mit dem Baby nutzen.

Pflegen ist Liebe

Wenn Sie das Waschen mit lustigen Reimen und Liedern begleiten, wird das Baby begeistert sein!
Aus dem Waschlappen wird ein Wassermännlein, das sich von den Händchen über die Arme bis zur Stirn bewegt, dort anklopft und dann kurz an die Nase stupst:

Kommt ein Wassermännlein
mit dem Wasserkännlein,
geht den Berg hoch, klopft an –
„Guten Tag, Herr Nasemann!"

Füße und Beine werden mit einem anderen Spruch fast von allein und mit viel Spaß und Strampelei sauber:

Guten Tag, ihr lieben Beinchen!
Wie heißt ihr denn?
Ich bin der Hampel!
Ich bin der Strampel!
Ich bin das Füßchen Tunichtgut!
Ich bin das Füßchen Übermut.
Tunichtgut und Übermut
gehen auf die Reise.
Patschen durch die Sümpfe,
naß sind Schuh und Strümpfe.
Schaut die Mama um die Eck',
laufen alle beide weg!

Und noch mehr Pflege

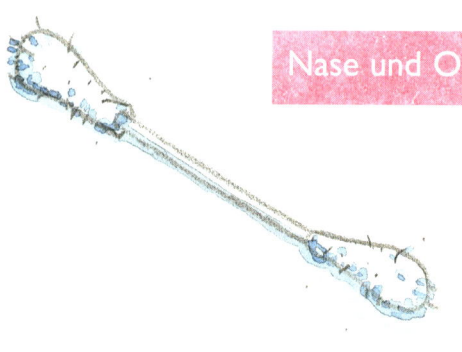

Zuerst eine Bitte: Gehen Sie nicht mit Ohrenstäbchen bewaffnet auf Nase oder Ohren Ihres Kindes los!

Nase und Ohren

Hals-Nasen-Ohrenärzte warnen immer wieder davor, daß mit den Ohrenstäbchen mehr Schaden als Nutzen angerichtet wird. Die Schmalz- und Schleimpfropfen schieben Sie damit nur tiefer in die Gänge hinein. Am Ende ist ärztliche Kunst nötig, um sie herauszulösen.
Die Ohren jedes Menschen sondern mehr oder weniger Ohrenschmalz ab. Es wird als gelbliche Krümel in der Ohrmuschel sichtbar. Diese Krümel können Sie vorsichtig mit dem angefeuchteten Zipfel eines Handtuchs oder eines zusammengerollten Papiertaschentuches entfernen. Den Gehörgang selbst müssen Sie nicht reinigen. Auch die Nase Ihres Kindes sollten Sie nur mit einem angefeuchteten Handtuch, dem Waschlappen oder einem leicht angefeuchteten Papiertaschentuch säubern.

Wichtig ist dagegen der gelegentliche Blick hinter die Ohrmuschel. Die Hautfalten hier neigen bei Babys nämlich ganz besonders dazu, wund und schorfig zu werden. Etwas Creme reicht meistens aus, damit die Haut schnell wieder abheilt.

Manchmal sind die Augen Ihres Kindes nach dem Schlaf stark verklebt.

Augen

Tauchen Sie ein Mulläppchen oder ein Wattepad in sauberes, lauwarmes Wasser und reiben Sie ganz vorsichtig über das geschlossene Auge. Führen Sie die Bewegung immer von außen zur Nasenwurzel hin aus und benutzen Sie für jedes Auge einen frischen Wattebausch.

Die Finger- und Zehennägel Ihres Babys müssen Sie in den ersten Wochen nicht schneiden. Sie sind zwar sehr scharf,

Finger- und Zehennägel

aber biegsam und brechen von allein genau an der richtigen Stelle ab. Nur wenn sich Ihr Kind stark verkratzt, helfen Sie vorsichtig mit einer abgerundeten Schere nach. Sie können die weichen Nägel auch einfach mit Ihren Fingern vorsichtig „wegpulen". Sorgen Sie dafür, daß das Baby nicht mit dem Ärmchen oder Beinchen strampeln kann, an dem Sie gerade „arbeiten".

Schneiden Sie Fußnägel gerade und Fingernägel leicht rund. Wichtig ist auf jeden Fall, daß die Schnittstellen glatt sind, weil sich das Baby sonst verkratzen kann. Wenn Ihr Kind gar nicht stillhält, schneiden Sie die Nägel, wenn es eingeschlafen ist.

Mit der Zahnpflege beginnen Sie, wenn die ersten Zähne durchbrechen. Die Milchzähne sind Platzhalter für die bleibenden Zähne. Deswegen müssen Sie sie gründlich pflegen und gesund erhal-

Zähne

ten. Anfangs genügt es, wenn Sie die Zähne einmal am Tag mit einem Wattestäbchen reinigen. Babykost enthält leider oft viel Zucker, der den Zahnschmelz schnell zerstört. Achten Sie auch aus diesem Grund auf die Zutaten bei der Babykost. Mehr dazu finden Sie im Kapitel „Kleinkindernährung". Besonders schädlich ist für Ihr Kind, wenn es dauernd am Fläschchen nuckelt. Trinken sollte nicht zur Beruhigung oder als Einschlafhilfe dienen. Wenn Ihr Kind zur Beruhigung nuckeln möchte, dann bieten Sie ihm einen kiefergerecht geformten Schnuller an.

Wenn die ersten Zähne schon weit aus dem Zahnfleisch herausragen, sollten Sie sie vorsichtig mit einer weichen Kinderzahnbürste reinigen. Zahncreme setzen Sie erst dann ein, wenn Ihr Baby sie anschließend auch ausspucken kann. Damit das Zähneputzen nicht zur täglichen Qual für Kind und Eltern wird, sollten Sie es spielerisch angehen. Lassen Sie Ihr Kind so oft wie möglich zusehen, wenn Sie sich selbst die Zähne putzen. Der Nachahmungstrieb kann dann stärker wirken als alle guten Worte und Überredungsversuche.
Über die Einnahme von Fluortabletten unterhalten Sie sich am besten mit Ihrem Kinderarzt. Weitere Informationen dazu finden Sie ebenfalls im Kapitel „Kleinkindernährung".

In den ersten Lebensmonaten ist Ihr Baby zwar nicht völlig schutzlos dem Angriff böser Keime und Bakterien ausgeliefert, wie früher vermutet wurde, es ist allerdings richtig, daß der kleine

Ein Wort zur Hygiene

Organismus noch nicht völlig ausgereift ist und besonderen Schutz benötigt. Sauger, Fläschchen und Schnuller sollten Sie deshalb sorgfältig auskochen oder sterilisieren. Erwachsene sollten das Baby nur mit sauberen Händen anfassen. Es muß auch nicht unbedingt von der Oma gestreichelt und geküßt werden, wenn diese gerade stark erkältet ist.

Im Krabbelalter können Sie nicht mehr vermeiden, daß das Baby seine schmutzigen Finger mal in den Mund steckt. Auch Steine, Sandschaufeln, Erdklumpen und Tannenzapfen werden von entdeckungslustigen Krabbelkindern gern auf ihren Geschmack hin überprüft. Sie werden beim besten Willen nicht alles verhindern können. Denken Sie aber bitte daran, daß Dreck nicht gerade „gesund" für Ihr Kind ist! Den Sand eines öffentlichen Spielplatzes zum Beispiel können alle Katzen der Umgebung als Toilette benutzen. Wählen Sie für die ersten Erfahrungen Ihres Kindes mit dem Sand vielleicht einen privaten Sandkasten aus, der nachts abgedeckt wird. Säubern Sie dem Kind die Hände, bevor es einen Keks bekommt.

Frische Luft braucht Ihr Kind für seine gesunde Entwicklung übrigens auch im Winter. Täglicher Aufenthalt im Freien ist bei angemessener Bekleidung die beste Abhärtung gegen Erkältungskrankheiten. Warm verpackt in Schneeanzug und gefüttertem Fußsack schadet Ihrem Kind die frostige Luft nicht. Natürlich müssen Sie sich davon überzeugen, daß das Kind nicht friert, und sollten die Spazierfahrten bei extremer Kälte nicht allzu lang ausdehnen.

Von Anfang an brauchen Kinder viel frische Luft. Bereits nach zwei Wochen können Sie mit Ihrem Baby Ausfahrten machen. Beginnen Sie mit einer Stunde täglich und steigern Sie die Zeit im Freien allmählich auf zwei bis drei Stunden pro Tag. Wählen Sie für Ihre Spaziergänge mit dem Kinderwagen, wenn möglich, eine Strecke im Grünen, also außerhalb größerer Städte.

Schützen müssen Sie Ihr Baby allerdings vor Zugluft und vor direkter Sonne. Achten Sie außerdem auf die Temperatur des Kindes. Eltern neigen dazu, Neugeborene und kleine Babys zu warm einzupacken. Fassen Sie Ihr Kind ab und zu an. Wenn sich seine Haut warm und trocken anfühlt, ist alles in Ordnung.

Frische Luft

Mit der Zeit wandeln sich Ihre pflegerischen Tätigkeiten allmählich. Ihr Kind besteht immer mehr darauf, selbst aktiv zu werden. Das ist für seine Entwicklung wichtig, auch wenn es den Aufenthalt im Badezimmer nicht gerade verkürzt.

„Ich will das aber selber machen!"

Kleine Kinder haben einen starken Nachahmungstrieb. Wenn sich Mama und Papa bei jeder Rückkehr in die Wohnung die Hände waschen, können Sie Ihr Kind leicht in dieses Familienritual integrieren. Sinnvoll ist es auch, daß Sie Ihrem Kind mit einfachen Worten erklären, warum wir die Hände waschen. Weil man mit den Händen alles anfaßt und sie so auch mit Dingen in Berührung kommen, die nicht sauber sind und krank machen können. Weil wir mit den gleichen Händen zu Hause das Essen anfassen und weil kleine Kinder ihre Hände gerne in den Mund stecken.

Das Vorbild sind Sie auch beim Zähneputzen und Waschen. Lassen Sie Ihr Kind bei allen morgendlichen und abendlichen Wasch- und Pflegeritualen zuschauen. Erklären Sie, was Sie gerade tun und warum Sie es machen. Manche Kinder möchten schon mit einem Jahr die Zahnbürste selbst benutzen. Lassen Sie sie gewähren! Aber putzen Sie anschließend selbst noch einmal gründlich nach. Dann sind Sie sicher, daß die Zähne wirklich gepflegt sind.

Bewegung
für Eltern und Kind

Kinder können sich ohne Bewegung nicht gesund entwickeln. In unserer Gesellschaft ist es aber nicht uneingeschränkt möglich,

Wieviel Bewegung braucht ein Kind?

dem Bewegungsdrang von Kindern ständig und überall freien Lauf zu lassen. Deswegen stellt sich die Frage, wieviel Bewegung für die kindliche Entwicklung wirklich erforderlich ist.

Der Verkehr auf unseren Straßen erschwert Kindern gefahrloses Spielen im Freien. In der Wohnung sind es wertvolle Einrichtungsstücke oder verständnislose Nachbarn, die dem Bewegungsdrang der Kinder enge Grenzen setzen. Dazu kommt, daß Kinder viel Zeit brauchen, um Bewegungserfahrungen zu machen. Eine eilige Mutter wird ihr zweijähriges Kind in den Buggy setzen, um schnell ans Ziel zu gelangen. Das Kind ist so zwar an der frischen Luft gewesen, aktive Bewegungserfahrungen konnte es aber nicht machen.

Uns Erwachsenen ist die Hektik des Lebens nach der Uhr selbstverständlich geworden. Eine Stunde, die nicht mit einer „sinnvollen" Betätigung ausgefüllt

Kinder brauchen Zeit
– auch für Bewegungserfahrungen

ist, halten wir für verschwendet. Als Eltern müssen wir mühsam lernen, daß diese Vorstellungen kleinen Kindern noch vollkommen fremd sind. Sie wollen uns nicht ärgern, wenn sie unterwegs plötzlich die Kette vor einer Toreinfahrt als phantastisches Spielgerät entdecken. Ob sich wohl darauf schaukeln läßt? Oder ob man besser unten durchkriecht? In einer solchen Situation sollten Sie als Eltern das Kind freundlich abzulenken versuchen, wenn Sie tatsächlich einen wichtigen Termin einhalten müssen. Aber nehmen Sie sich gleichzeitig fest vor, dem Kind bei nächster Gelegenheit mehr Zeit zum Erforschen der Kette zu lassen.

Dank ihrer Phantasie entdecken Kinder überall Möglichkeiten, sich zu bewegen. Zwischen Pfosten muß man sich hindurchwinden, über Steine wird gehüpft, niedrige Mauern sind zum Balancieren da, Tauben in der Fußgängerzone müssen verjagt werden und Treppen sind natürlich zum Turnen und Springen erfunden worden. Für Kinder ist das klar.

Kinder sind Bewegungsexperten

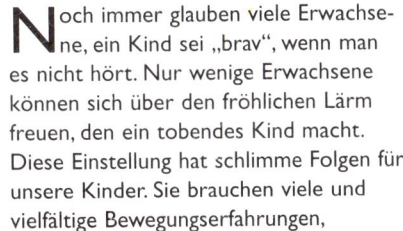

Wenn da nur nicht immer die Erwachsenen wären, die ihnen jeden Spaß verderben! Bitte überlegen Sie sich genau, welche selbst erfundenen Bewegungsspiele Sie Ihrem Kind zu seiner Sicherheit wirklich verbieten müssen. Neben dem Straßenverkehr spielen besonders im städtischen Raum auch hygienische Gründe eine Rolle. Ein großer Randstein, der von jedem Hund als Toilette benutzt wird, eignet sich leider wirklich nicht (mehr) zum Turnen.

Noch immer glauben viele Erwachsene, ein Kind sei „brav", wenn man es nicht hört. Nur wenige Erwachsene können sich über den fröhlichen Lärm freuen, den ein tobendes Kind macht. Diese Einstellung hat schlimme Folgen für unsere Kinder. Sie brauchen viele und vielfältige Bewegungserfahrungen,

Was Bewegung für die Entwicklung bedeutet

⚬ damit sich ihre motorischen Fähigkeiten entwickeln
⚬ damit sich ihre sensorischen (also auf die Sinnesorgane bezogenen) und geistigen Fähigkeiten ausbilden
⚬ um das soziale Miteinander mit anderen Menschen zu erproben.

Durch die Bewegung macht Ihr Kind außerdem Erfahrungen mit seinem Körper und über ihn. Diese Erfahrungen sind unerläßlich, damit es sein Selbstbewußtsein entwickelt. Bei kleinen Kindern ist das Bild, das sie von sich selbst haben, ganz eng mit ihren Körpererfahrungen verbunden.

Ein Kind, das im Kindergartenalter nicht so geschickt ist wie die anderen, nicht wie seine Altersgenossen klettern oder hüpfen kann, gerät leicht in eine Außenseiterrolle. Es kann durch mangelnde Bewegungserfahrungen sogar zu Verhaltensproblemen kommen.

Das Vorbild sind Sie

In den ersten Lebensjahren ist es vor allem Ihr Verhalten, das sich auf Ihr Kind überträgt. Wenn Sie lieber gemütlich im Auto zum Bäcker um die Ecke fahren, als das Fahrrad zu nehmen, oder, statt die Treppe zu steigen, stets den Aufzug benutzen, vermitteln Sie dem Kind, daß man jede überflüssige Bewegung besser vermeidet. Auch Ihr Umgang mit den Bewegungserlebnissen der Kinder ist prägend. Wenn Sie bei jedem Kletterversuch überängstlich reagieren, wird sich diese Angst auch auf das Kind übertragen.

Bewegungserfahrung und Körpererfahrung hängen zusammen. Massage hilft schon Babys, ihren Körper zu erfahren. Babymassage ist natürlich noch viel mehr: Sie stärkt die Beziehung von Eltern und Kind. Das Baby reagiert von Anfang an auf die Berührung. Eltern, die ihr Kind einfühlsam massieren, lernen es besser kennen und können seine Bedürfnisse mit der Zeit „erspüren". Massage reguliert außerdem wichtige Körperfunktionen wie die Durchblutung, die Verdauung oder die Atmung. Sie unterstützt die allmähliche Muskelkoordination.

Bewegungstips

Gute Vorbereitung ist wichtig. Wählen Sie zum Massieren eine ruhige Stunde, die nicht von Terminen begrenzt ist. Ideal aus Sicht des Kindes ist die Zeit zwischen den Mahlzeiten. Schaffen Sie für sich und Ihr Kind eine angenehme Atmosphäre. Während der gesamten Massagezeit sollte der Raum warm sein. Setzen Sie sich zunächst selbst entspannt hin, achten Sie dabei auf eine gute, bequeme Haltung. Beginnen Sie damit, Ihre eigenen Hände mit Massageöl warm und geschmeidig zu reiben.

Babymassage und Babygymnastik

Zeigen Sie dem Baby über die eigentliche Massage hinaus Ihre Zuneigung. Sprechen Sie sanft mit ihm, singen Sie und halten Sie offenen Blickkontakt. Bei Neugeborenen beschränkt sich die Massage auf sanftes Streicheln und Wiegen. Junge Babys haben sanfte Berührungen lieber. Allmählich können Sie dann mehr Druck ausüben. Der Bauch wird dem Lauf des Darmtraktes entsprechend immer im Uhrzeigersinn gestreichelt. Achten Sie bitte grundsätzlich darauf, wie sich Ihr Baby fühlt. Erzwingen Sie nichts, wenn es nicht gut aufgelegt ist und an der Massage offensichtlich kein Vergnügen findet. Gönnen Sie ihm Ruhe, und versuchen Sie es später noch einmal.

Winkeln Sie Ihre Beine leicht an, stützen Sie den Rücken bequem ab. Legen Sie das Baby nun auf Ihre Schenkel, sein Kopf liegt dabei zwischen Ihren geschlossenen Knien, die Beine des Babys ruhen locker auf Ihrem Bauch. Nehmen Sie ein Händchen, und führen Sie es sanft über die Brust zur gegenüberliegenden Schulter. Dann kommt das andere Händchen an die Reihe.

Übungen mit gesunden Babys ab 3 Monaten

Spreizen Sie die Beine Ihres Babys ab und winkeln Sie sie an. Halten Sie das Ärmchen nun am Ellbogen und führen Sie es zum Kopf hoch. Dabei soll die Handinnenfläche den Kopf berühren. Streichen Sie mit dem Händchen sanft über das Gesicht Ihres Kindes. Öffnet sich die Hand dabei? Wechseln Sie die Arme ab und versuchen Sie das gleiche Spiel auch mit beiden Händen, wenn Ihr Baby Spaß daran hat.

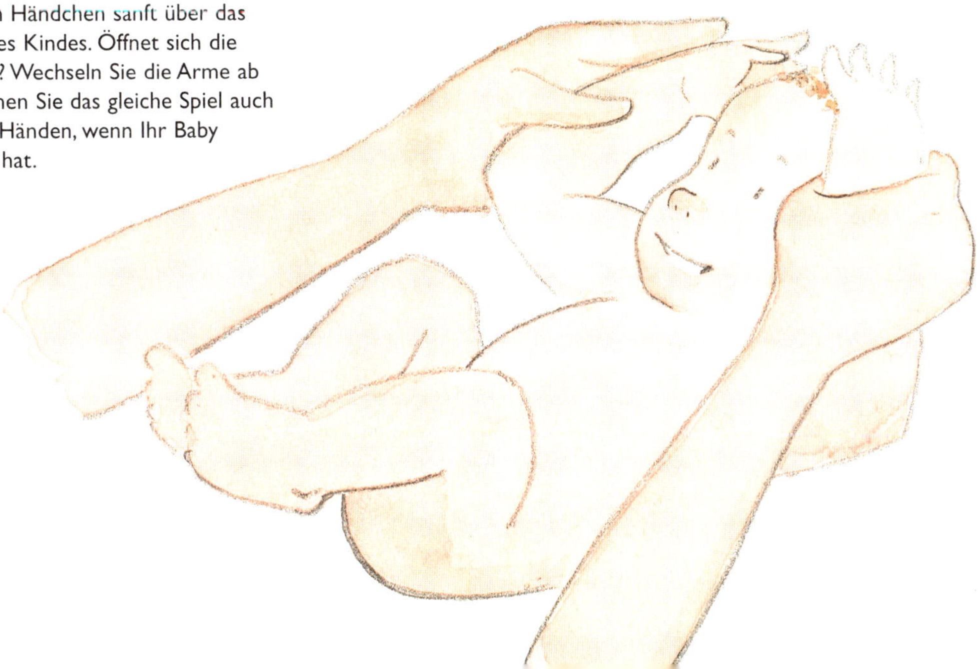

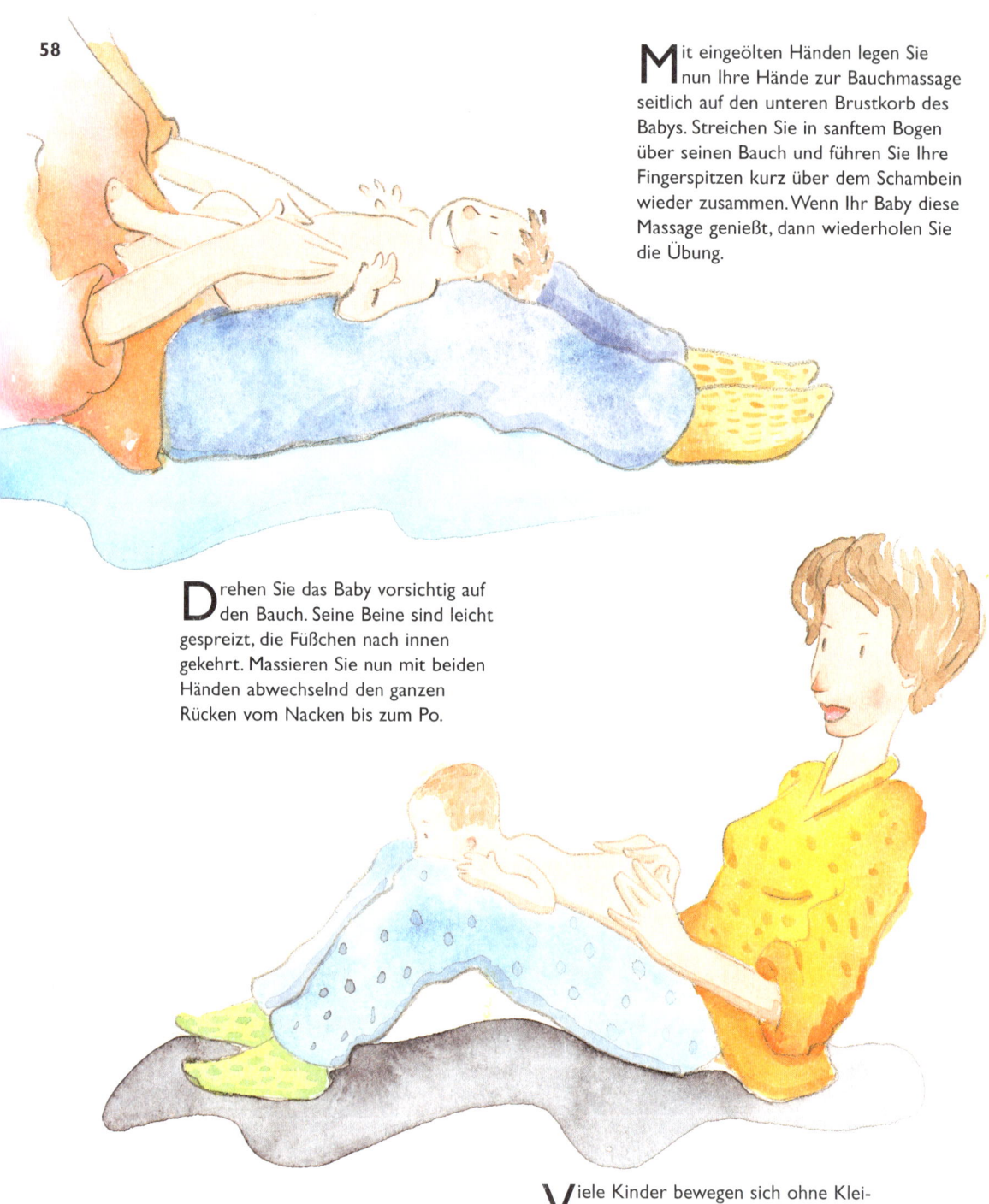

Mit eingeölten Händen legen Sie nun Ihre Hände zur Bauchmassage seitlich auf den unteren Brustkorb des Babys. Streichen Sie in sanftem Bogen über seinen Bauch und führen Sie Ihre Fingerspitzen kurz über dem Schambein wieder zusammen. Wenn Ihr Baby diese Massage genießt, dann wiederholen Sie die Übung.

Drehen Sie das Baby vorsichtig auf den Bauch. Seine Beine sind leicht gespreizt, die Füßchen nach innen gekehrt. Massieren Sie nun mit beiden Händen abwechselnd den ganzen Rücken vom Nacken bis zum Po.

Viele Kinder bewegen sich ohne Kleidung und Windeln aktiver. Deswegen sollten Sie Ihr Kind von Anfang an nach dem Wickeln noch eine Weile lang nackt strampeln lassen (siehe auch die Kapitel zur Körperpflege).

Erste Bewegungsspiele

Das nackte Baby liegt auf dem Rücken. Binden Sie einen großen, aufgeblasenen Wasserball an eine Schnur und halten Sie ihn über das Kind. Es wird mit großem Vergnügen danach greifen und schlagen und freut sich über die Bewegung des Balls, die es damit auslöst. Halten Sie den Ball auch über seine nackten Füße. Ihr Kind reagiert mit Strampeln und Treten oder streckt alle viere danach aus. Freuen Sie sich an den fröhlichen Lauten Ihres „turnenden" Babys.

Spiele mit dem Wasserball

Dann legen Sie Ihr Baby mit dem Bauch über den Ball. Ein Handtuch zwischen Haut und Ball verhindert, daß Ihr Kind „kleben" bleibt. Halten Sie das Baby dabei sicher am Rumpf fest. Die Arme und Beine sollen frei beweglich bleiben. Rollen Sie das Baby nun sanft mit dem Ball vor und zurück.

Lassen Sie Ihr Kind ab und zu als Flieger durch die Wohnung segeln. Gehen Sie dabei aber bitte behutsam vor, es gibt Kinder, die diese Art der Bewegung gar nicht schätzen. Sobald das Baby sicher sitzen kann, hat es großen Spaß an den sogenannten Kniereitern wie „Hoppe, hoppe Reiter".

Bewegungsspiele für groß und klein

Im Freien

Nutzen Sie jede Gelegenheit, die sich im Alltag bietet, für kleine Bewegungsspiele. Wenn Ihr Kind schon sicher läuft, wird ein Spaziergang durch ein lustiges Spiel zu einem fröhlichen Erlebnis. Sie laufen je nach dem Entwicklungsstand des Kindes mehr oder weniger weit voraus, bleiben stehen, drehen sich zum Kind um, breiten die Arme weit aus und rufen: „Wer kommt in meine Arme?" Das Kind läuft strahlend auf Sie zu. Sie fangen es in Ihren Armen ein und drehen sich ein paar mal mit ihm im Kreis, bevor Sie es wieder absetzen und das Spiel von neuem beginnen kann. Mit Kindern, die schon sicher rennen und hüpfen, wird ein Spaziergang auch für Sie selbst zum sportlichen Ereignis. Greifen Sie die Anregungen Ihres Kindes auf und machen Sie mit. Erfinden Sie Ihre eigenen Familienregeln: Über jeden Stock muß gehüpft werden, jeder Stein wird einmal umlaufen, geeignete Mauern sind zum Balancieren da, und wer eine weiße Blume entdeckt, darf 5 Schritte rückwärts gehen.

Werden Sie auch in der Wohnung aufmerksam für die kleinen Gelegenheiten zum gemeinsamen und spielerischen Bewegen. Es ist leicht, spontan mit einem Bierdeckel, einem alten Zeitungsblatt oder einer Wolldecke ein Spiel zu erfinden. Richten Sie sich aber bitte immer nach den

In der Wohnung

Fähigkeiten des Kindes und verlangen Sie keine Leistungen, die es einfach (noch) nicht bringen kann. Sie möchten ja die Freude des Kindes an der Bewegung fördern und es nicht frustrieren.

Zum ersten Versteck- oder „Kuckuck"-Spiel eignet sich fast alles: eine Decke, ein Tisch, ein Baum. Nachahmungsspiele sind bei kleinen Kindern von einem Jahr an ebenfalls sehr beliebt. Krabbeln Sie als bellender Hund rund um den Wohnzimmertisch oder knattern Sie als Flugzeug mit ausgebreiteten Armen durch die ganze Wohnung. Ihr Kind wird bald begeistert mitmachen.

Bierdeckel können Kinder je nach Entwicklungsstand auf der ausgestreckten Hand, auf dem Kopf, auf dem Fuß, auf dem gekrümmten Rücken oder sogar auf einem Finger balancieren. Im Sitzen können Sie sich den Bierdeckel mit den Füßen überreichen oder auch mal abzujagen versuchen. Mit mehreren Bierdeckeln können Sie eine Slalomstrecke legen. Die müssen Sie vorwärts, rückwärts, auf allen vieren oder kriechend zurücklegen. Wer schafft es, aus einem, später aus zwei Meter Entfernung die meisten Bierdeckel auf einen Teppich (mit drei Jahren auch in eine Schüssel) zu werfen?

Ein Zeitungsblatt können Sie und Ihr Kind ebenfalls auf dem Kopf oder dem gekrümmten Rücken balancieren. Viele Zeitungsblätter in einer Reihe sind Inseln, die Sie springend erreichen müssen. Zeitungsblätter können geschickte Füße übrigens auch ohne Hände zerreißen und die Schnipsel anschließend weiterreichen. Mit einer alten Wolldecke entstehen tolle Kriechtunnel oder „Bärenhöhlen", indem Sie sie über Sessel oder niedrige Couchtische breiten. Die Decke verwandelt sich anschließend in eine Kutsche, auf der Sie Ihr sitzendes Kind durch die Wohnung ziehen können. Zum krönenden Abschluß schaukeln Mama und Papa Ihr Kind in der Wolldecke wie in einer Hängematte.

*Schnupfen, Hautausschläge, Fieber, Erkältungen – schon in den ersten Lebens-
jahren muß Ihr Kind eine ganze Reihe von Erkrankungen durchstehen.
Fast immer können Sie einiges tun, um dem kleinen Patienten zu helfen. Viele
Beschwerden lassen sich nämlich mit einfachen und bewährten Hausmitteln
lindern. Auf den folgenden Seiten finden Sie dazu hilfreiche Tips und Informationen
und im Literaturverzeichnis weiterführende Bücher. Bitte bedenken Sie: Die Hilfe
eines Arztes kann diese Übersicht nicht ersetzen. Im Zweifelsfall und gerade bei
kleinen Kindern sollten Sie immer ärztlichen Rat einholen. Alle angegebenen
pflanzlichen Mittel bekommen Sie in Ihrer Apotheke.*

Kleine Wehwehchen mit Hausmitteln heilen

Symptome, abhängig von der Art der allergischen Erkrankung: Hautausschlag, Atembeschwerden, Asthma, Husten, Schnupfen, Durchfall, Erbrechen, Fieber.

Allergie Kurzbeschreibung: Bei einer Allergie reagiert der Körper überempfindlich und mit übertriebenen Abwehrmaßnahmen gegen bestimmte Stoffe (Allergene) wie Pollen, Tierhaare, Hausstaubmilben, Bestandteile der Nahrung, Kosmetika und Waschmittel. Die allergische Erkrankung betrifft oft die Körperregion, auf die das Allergen einwirkt, z.B. Erkrankungen der Atemwege beim Einatmen von Pollen. Wahrscheinliche Ursachen: Veranlagung, Schadstoffe in der Umwelt.
Das kann die Beschwerden lindern: Den allergieauslösenden Stoff möglichst meiden, Einnahme von Mitteln, die die allergischen Reaktionen mildern, kontrollierte Gewöhnung an das Allergen (Desensibilisierung).
Hier muß der Arzt helfen: Er stellt fest, ob es sich um eine Allergie handelt und auf welche Stoffe Ihr Kind reagiert.

Symptome: ein eingezogener oder stark gewölbter Bauch, Blässe, meist angezogene Beine, Schmerzen beim Abtasten, manchmal in Kombination mit Fieber.
Bauchschmerzen Kurzbeschreibung: Bauchschmerzen können u.a. bei Blähungen oder Verstopfung auftreten oder aber der Beginn einer Magen-Darm-Infektion sein.
Das kann die Beschwerden lindern: Schlückchenweise etwas warmen Tee (z.B. Pfefferminz- oder Kamillentee) geben, feuchtwarmen Bauchwickel machen, vorsichtiges, sanftes Massieren der Bauchdecke mit kreisenden Bewegungen im Uhrzeigersinn.
Hier muß der Arzt helfen: Wenn die Schmerzen nicht innerhalb von ein bis zwei Stunden nachlassen, denn manchmal sind Bauchschmerzen auch ein Hinweis auf eine Blinddarmentzündung.

Symptome: abgehende Winde, aufgeblähter Bauch, Weinen zwischen zwei Mahlzeiten, manchmal ein Blubbern und Gluckern im Bauch.

Blähungen

Kurzbeschreibung: Insbesondere Babys leiden häufiger unter schmerzhaften Blähungen, weil ihr Verdauungssystem noch nicht völlig ausgereift ist. Schlucken sie beim Trinken an der Brust oder aus der Flasche Luft, muß die irgendwie wieder entweichen. Normalerweise geschieht das beim Bäuerchen. Das klappt aber nicht immer. Dann wandert die Luft vom Magen in den Darm und führt dort zu Blähungen. Auch durch das Vergären von Milchzucker, der sowohl Bestandteil der Muttermilch als auch der Pre-Flaschennahrung ist, können sich im Darm Gase bilden.
Das kann die Beschwerden lindern: vorsichtiges, sanftes Massieren der Bauchdecke mit kreisenden Bewegungen im Uhrzeigersinn, sanfte Bauchmassage mit 2-3 Tropfen Kümmelöl (aus der Apotheke), Herumtragen in Bauchlage, das Kind auf den Rücken legen und die Beine wie beim Radfahren auf und ab bewegen, eine gering gefüllte Wärmflasche, etwas Fencheltee nach der Mahlzeit.
Hier muß der Arzt helfen: Wenn das Baby keinen Appetit hat, es zudem blaß ist und sich ungewöhnlich verhält, denn dann können die Blähungen eine andere Ursache haben.

Symptome: lang anhaltendes Schreien in den ersten drei Lebensmonaten in Verbindung mit
→ Blähungen und/oder → Bauchschmerzen. Die Koliken enden häufig erst, wenn das Baby völlig erschöpft ist.
Kurzbeschreibung: Insbesondere Jungen leiden nach der Geburt unter Drei-Monats-Koliken – so genannt, weil die

Drei-Monats-Koliken

Beschwerden meist nach drei Monaten abrupt aufhören. Ursache können Luft im Darm durch hastiges Schlucken und ein noch nicht „eingearbeitetes" Verdauungssystem sein. Da diese Koliken besonders am Spätnachmittag und frühen Abend auftreten, wenn innere und äußere Reize verstärkt wahrgenommen werden, vermutet man, daß auch Überreizung und Müdigkeit des Babys eine Rolle spielen.
Das kann die Beschwerden lindern: siehe Maßnahmen bei → Bauchschmerzen und → Blähungen. Bei Überreizung ist es wichtig, möglichst ruhig mit dem Kind umzugehen und es nicht durch Spieluhren, laute Geräusche und ähnliches zusätzlich aufzuregen.
Hier muß der Arzt helfen: Wenn eine Kolik länger als vier Stunden dauert, denn dann können die Schmerzen auch eine andere Ursache haben, z.B. Mittelohrentzündung (→ Ohrenschmerzen).

Symptome: hohes Fieber, manchmal Halsweh, Durchfall, Übelkeit, Erbrechen, später Hautausschlag.

Dreitagefieber

Kurzbeschreibung: Diese von einem Herpes-Virus verursachte Infektionskrankheit tritt meistens zwischen dem sechsten und 36. Lebensmonat auf. Die Erreger werden mit der Atemluft übertragen. Ein bis zwei Wochen nach der Ansteckung kommt es zu hohem Fieber (oft über 39 °C). Wenn es nach drei bis fünf Tagen plötzlich wieder fällt, bilden sich auf der Haut blaßrote, den Röteln ähnliche Flecken.
Der Ausschlag verschwindet meistens spätestens nach drei Tagen. Nun besteht lebenslange Immunität.

Das kann die Beschwerden lindern: Siehe Maßnahmen gegen → Fieber.
Hier muß der Arzt helfen: bei Anzeichen eines Fieberkrampfes (→ Fieber), bei schlechtem Allgemeinzustand des Kindes.

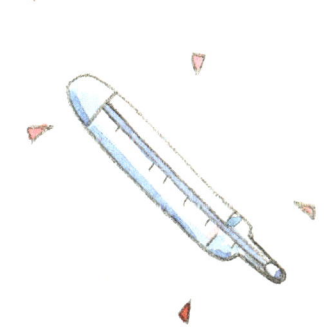

Symptome: wäßriger und häufiger Stuhl, bei Still-Babys ungewöhnlich unangenehm riechend und eher grünlich gefärbt, außerdem oft kombiniert mit Fieber und Erbrechen.

Durchfall

Kurzbeschreibung: Durchfall wird meist verursacht durch Viren, seltener durch Bakterien. Aber auch größere Mengen Fruchtzucker (in Fruchtsäften) und Zuckeraustauschstoffe oder eine Nahrungsmittelallergie können der Auslöser sein. Durchfall bringt den Salz-Wasser-Haushalt durcheinander und kann zu lebensbedrohlichem Austrocknen führen – je jünger das Kind, desto schneller.

Das kann die Beschwerden lindern: Flüssigkeit und Elektrolyte müssen ersetzt werden. Der Arzt verschreibt eine Elektrolyt-Lösung als Pulver oder Tabletten zum Auflösen, die bestimmte Salze und Zucker enthält. Still-Babys werden weiter gestillt. Ältere Kinder dürfen nach Abklingen der Beschwerden langsam wieder Beikost bekommen: Haferschleim, Reisschleim, gedünstete Möhren, Pellkartoffeln, Banane, Zwieback, geriebenen Apfel. Vermeiden Sie Milch, Fett, Zucker und Süßigkeiten.

Hier muß der Arzt helfen: Durchfall bei Säuglingen und Kleinkindern ist immer ein Fall für den Kinderarzt! Besonders schnell müssen Sie reagieren, wenn bei Ihrem Baby folgende Symptome auftreten: eingesunkene Fontanelle, tiefliegende Augen, trockene Mundschleimhaut, Fieber, blutiger oder schleimiger Stuhl.

Symptome: schwallartiges Erbrechen der gesamten Mahlzeit (im Gegensatz zum harmlosen → Spucken).

Kurzbeschreibung: Wenn ein Baby in der zweiten oder dritten Lebenswoche seine gesamte Nahrung schwallartig erbricht,

Erbrechen

kann ein Magenpförtnerkrampf vorliegen. Er verhindert, daß es Nahrung bei sich behalten kann.

Erbrechen kann aber auch der Beginn einer Magen-Darm-Infektion oder das Zeichen einer Nahrungsmittel-Allergie sein. Die Ursache kann nur der Arzt abklären. Bei starkem Erbrechen besteht (wie bei → Durchfall) die Gefahr der Austrocknung.

Das kann die Beschwerden lindern: Bei einmaligem Erbrechen hilft ein wenig Fencheltee.

Hier muß der Arzt helfen: Wenn Ihr Kind schwallartig erbricht, mehrmals hintereinander erbricht und/oder gleichzeitig Fieber hat.

Symptome: Schnupfen, Augentränen, Husten, Halsschmerzen, Fieber, Abgeschlagenheit, eventuell Kopf- und Gliederschmerzen, häufig auch geschwollene Lymphknoten im Halsbereich.

Erkältung

Kurzbeschreibung: Eine Erkältung wird von Viren verursacht, die beim Atmen in den Körper gelangen und zwei bis drei Tage nach der Ansteckung eine Erkrankung der oberen Atemwege auslösen. Sie geht meistens nach ein paar Tagen vorüber. Mögliche Komplikationen: Bronchitis, Ohrenentzündung (➜ Ohrenschmerzen).

Das kann die Beschwerden lindern: Betten Sie Ihr Baby mit Hilfe eines kleinen Kissens unter der Matratze etwas höher und sorgen Sie für höhere Luftfeuchtigkeit (feuchte Handtücher aufhängen).
Bei Kindern, die älter als ein Jahr sind: Vor dem Schlafengehen die Brust mit Salbe einreiben, die ätherische Öle wie z.B. Eucalyptus oder Pinienöl enthält. Auf Mittel mit Campher und Menthol sollten Sie verzichten. Bei jüngeren Kindern einige Tropfen solcher ätherischen Öle auf ein Taschentuch geben und ans Kopfende legen. Vorsicht: Inhalationsöle dürfen nie mit den Schleimhäuten (z.B. Augen) Ihres Kindes in Berührung kommen. Waschen Sie daher nach dem Auftragen sorgfältig Ihre Hände. Siehe auch Maßnahmen bei ➜ Fieber, ➜ Halsschmerzen, ➜ Husten, ➜ Schnupfen.

Hier muß der Arzt helfen: Wenn Ihr Baby jünger als ein Jahr ist oder bei einem der folgenden Symptome: Fieber über 38,5 °C, starkem Husten, Atemschwierigkeiten, Schluckbeschwerden, Ohrenschmerzen, wenn nach drei Tagen keine Besserung eintritt, bei häufigen und langanhaltenden Infekten.

Bei einer Erkältung tut Holundertee gut: 1 Tl Blüten mit ¼ l siedendem Wasser übergießen, 10 Minuten ziehen lassen und abseihen. Mehrmals täglich eine halbe bis eine Tasse zu trinken geben.

Symptome: Körpertemperatur über 38,5 °C, schlechtes Allgemeinbefinden, Schwitzen, Frieren, Blässe oder gerötetes Gesicht und heiße Stirn.
Kurzbeschreibung: Fieber ist eine typische Begleiterscheinung vieler Krankheiten. Es zeigt, daß die körpereigene

Fieber

Abwehr auf Hochtouren läuft. Bei einigen Kindern kommt es durch den Temperaturanstieg zu einem Fieberkrampf: Zuckungen, Krämpfe, Verdrehen der Augen, Blaufärbung der Lippen, manchmal kurzzeitige Bewußtlosigkeit. Das kann die Beschwerden lindern: Beim Fieberkrampf Ruhe bewahren, sofort ein Fieberzäpfchen geben und den Notarzt rufen. Bei leichtem bis mäßigem Fieber (bis 38,5 °C) helfen fiebersenkende Maßnahmen wie Wadenwickel, Waschungen mit Essigwasser, Abkühlungsbäder. Wichtig: viel und regelmäßig zu trinken geben (lauwarme oder kalte, mit Traubenzucker gesüßte Früchte- und Kräutertees, verdünnte Fruchtsäfte, Mineralwasser). Essen ist jetzt weniger wichtig als trinken. Gegen den Salzverlust beim Schwitzen hilft Nudelsuppe. Leichte Kleidung aus Naturmaterialien anziehen.

Messen Sie regelmäßig mehrmals täglich die Temperatur Ihres Kindes, um den Fieberverlauf festzustellen. Ideal ist es, wenn Sie bei Ihrem Kind bereits im gesunden Zustand

Fieber messen

die Normaltemperatur als Basiswert ermittelt haben. Messen können Sie mit herkömmlichen quecksilberhaltigen oder modernen digitalen Thermometern gut im Po. Besonders angenehm geht es auch mit einer neuen Generation von Fieberthermometern, mit denen sich die Temperatur präzise, sanft und vor allem schnell im Ohr messen läßt. Durch die gemeinsame Blutversorgung von Trommelfell und Temperatur-Kontrollzentrum des Körpers (Hypothalamus) spiegelt die im Ohr gemessene Temperatur Veränderungen der Körpertemperatur besonders gut wider.

BRAUN

ThermoScan

Ein solches Thermometer mißt in Sekundenschnelle den exakten Wert. Ertönt der Signalton, können Sie die Körpertemperatur auf dem Display ablesen. Wenn Ihr Kind ohnehin durch das Fieber unruhig und schlecht gelaunt ist, kann diese schnelle Methode eine Hilfe sein. Dies gilt auch für die nächtliche Kontrolle der Temperatur, da Ihr Kind dann nicht gestört wird.

Um den Fieberverlauf zu beobachten, sollten Sie immer im selben Ohr messen. Die Temperatur im rechten Ohr kann geringfügig von der im linken abweichen. Weisen Sie auch Ihren Arzt darauf hin, daß Sie die Temperatur im Ohr gemessen haben.
Normalerweise ist die Messung im Ohr für Ihr Kind schmerzfrei. Klagt es über Schmerzen, wenn Sie für die Messung das Ohr sanft schräg nach oben ziehen, kann eine Entzündung der Grund hierfür sein. Weichen Sie dann entweder auf das andere Ohr aus, oder messen Sie in diesem Fall im Po.

Hier muß der Arzt helfen:
Bei einem Fieberkrampf, bei Fieber über 38,5 °C, wenn sich das Fieber nicht senken läßt oder länger als 24 Stunden anhält.

Mit Wadenwickeln läßt sich die Körpertemperatur um 0,5 bis 1 Grad senken. Tränken Sie Leinentücher mit lauwarmem Essigwasser (1 bis 2 Eßlöffel Obstessig) und legen Sie sie straff und faltenfrei um die Waden. Wickeln Sie dann ein trockenes Handtuch darum und schließlich einen Wollschal. Oder ziehen Sie zum Schluß eine Socke darüber. Die Wickel nach einer halben Stunde wieder abnehmen und die Beine gut abtrocknen. Eventuell nach einer Stunde neue Wickel anlegen. Wenn Ihr Kind kalte Füße oder Beine hat, lieber einen Bauchwickel machen. Fiebrige Kinder übrigens nie unter dicken Decken oder Plumeaus „einpacken". Die Hitze des Körpers muß abgegeben werden. Besser: Nur mit einem Leintuch zudecken, aber darauf achten, daß kein Durchzug im Zimmer herrscht.

Symptome: Kratzen im Hals, gerötete und geschwollene Rachenschleimhäute, Schluckbeschwerden und damit verbunden die Abneigung zu essen, erhöhte Temperatur, geschwollene Lymphdrüsen, eventuell Ohrenschmerzen, Bauchschmerzen.

Halsschmerzen

Kurzbeschreibung: Halsschmerzen sind typische Anzeichen für eine Infektion des Rachens oder der Atemwege. Sie können aber auch Begleiterscheinungen anderer Krankheiten wie Mandelentzündung, → Röteln oder → Mumps sein. Das kann die Beschwerden lindern: Viel zu trinken geben – am besten entzündungshemmende und schmerzlindernde Tees aus Salbei oder Kamille. Püriertes Essen, Breie, Suppen oder kalte Speisen wie Joghurt und Eis für zwischendurch „rutschen" besser als feste Nahrung. Den Hals mit einem Baumwolltuch warm halten.

Hier muß der Arzt helfen: Wenn Ihr Kind starke Schluckbeschwerden, Fieber über 38,5 °C, Ausschlag oder rot geschwollene und eventuell mit gelben Flecken bedeckte Mandeln hat oder wenn es nicht gegen Diphtherie geimpft wurde.

Salbeitee lindert Halsschmerzen: Einige frische oder ½ TL getrocknete Salbeiblätter mit ¼ l siedendem Wasser übergießen, 10 Minuten ziehen lassen, abseihen, abkühlen lassen. Kann Ihr Kind schon gurgeln? Ansonsten kann es den Tee in kleinen Schlucken trinken und versuchen, ihn vor dem Hinunterschlucken eine Weile im Mund zu behalten. Möglichst einmal pro Stunde anwenden.

Symptome: häufiger Harndrang, Brennen beim Wasserlassen, rosa bzw. rot verfärbter Urin, veränderter Uringeruch, Schmerzen in der Nieren- und Blasengegend, Fieber, bei Säuglingen Appetitlosigkeit, Unruhe, Gedeihstörungen.

Harnwegsinfekte

Kurzbeschreibung: Harnwegsinfekte sind Entzündungen der Harnröhre, der Blase oder des Nierenbeckens, die durch Bakterien verursacht werden. Das kommt bei Mädchen häufiger vor, weil sie eine kürzere Harnröhre haben und Scheide und After dicht beieinander liegen.
Das kann die Beschwerden lindern: Den Unterleib warm halten, viel trinken, richtige Hygiene (den Po von vorn nach hinten abwischen).

Hier muß der Arzt helfen: Beim Verdacht auf eine Harnwegsinfektion sollten Sie sich immer an den Arzt wenden, denn es besteht die Gefahr einer Nierenbeckenentzündung. Nehmen Sie eine Urinprobe mit – spezielle Urinsäckchen für Babies gibt's in der Apotheke. Tritt eine Harnwegsinfektion bereits zum zweiten Mal auf, so ist eine Ultraschalluntersuchung notwendig, um Fehlbildungen der Harnröhre oder der Nieren auszuschließen.

Symptome: laute Atemgeräusche, Keuchen, ein bis zwei Tage trockener Reizhusten, dann schleimiger Husten. Kurzbeschreibung: Der Hustenreiz entsteht, wenn ein Fremdkörper in die Atemwege dringt oder die Schleimhäute der Atemwege entzündet sind. Husten ist meistens typische Begleiterscheinung einer virusbedingten Erkältung und verschwindet nach einigen Tagen wieder. Hartnäckiger Husten dagegen kann ein Hinweis auf ➜Keuchhusten, Bronchitis oder Lungenentzündung sein. Das kann die Beschwerden lindern: Überprüfen Sie bei plötzlichem und hartnäckigem Husten, ob Ihr Kind vielleicht einen Gegenstand verschluckt hat. Ansonsten helfen Heilkräuter-Tees (z.B. Eibisch, Spitzwegerich, Efeu, Thymian), warme Brustwickel mit Quark, Schweineschmalz, Olivenöl, Zitrone oder Kartoffeln, Inhalieren mit duftenden Ölen oder Kräutern wie Kamille, Tannenöl, Thymian oder Salbei. Vorsicht: Inhalationsöle dürfen nie direkt mit den Schleimhäuten Ihres Kindes in Berührung kommen. Waschen Sie sich nach dem Benutzen der Öle sorgfältig Ihre Hände.

Hier muß der Arzt helfen: Wenn Ihr Kind Fieber und starke Hustenanfälle hat, der Husten nach drei Tagen nicht zurückgeht oder immer wiederkehrt. Mit einem hustenden Baby, das jünger als sechs Monate ist, sollten Sie auf jeden Fall zum Arzt gehen. Bei akuten Atemschwierigkeiten sofort den Notarzt rufen.

Wenn das Fieber 38,5 °C nicht übersteigt, täglich ein bis zwei schleimlösende Brustwickel machen – z.B. mit Zitrone: Ein mit warmem Zitronensaft (1 Zitrone auf 1 Glas Wasser) getränktes Baumwolltuch um den Brustkorb legen, darüber ein Handtuch und außen herum ein Wolltuch wickeln. 20 bis 45 Minuten einwirken lassen.

Bei trockenem Husten 25 g Eibischwurzel, 20 g Thymian, 10 g gequetschten Fenchel mischen. Daraus dreimal täglich eine Tasse frischen Hustentee zubereiten: 2 TL mit ¼ l kochenden Wasser übergießen, 10 Minuten ziehen lassen, abseihen und mit Honig „versüßen".

Zu diesen Kinderkrankheiten finden Sie Informationen im Kapitel „BARMER – die richtige Krankenversicherung für die ganze Familie".

Symptome: trockene, rauhe, leicht schuppende und gerötete Haut, Juckreiz und als Folge des Kratzens nässende, offene Stellen, die sich leicht entzünden können – bevorzugt an den Beugeseiten der Gliedmaßen.

Neurodermitis

Kurzbeschreibung: Neurodermitis ist eine meist in Schüben auftretende Hautkrankheit. Ursache ist eine erblich bedingte Überempfindlichkeit gegenüber bestimmten Umweltreizen (Klima, Schadstoffe, Waschmittel usw.), Nahrungsmittelunverträglichkeit (z.B. Kuhmilch), aber auch psychische Faktoren spielen eine Rolle. Die Krankheit tritt häufig schon im 3. Lebensmonat auf. Sie kann im Laufe der Jahre wieder verschwinden, kann sich aber auch zum Asthma hin verändern.
Das kann die Beschwerden lindern:

Umschläge, Fettsalben, Waschungen, Ölbäder oder ein- bis zweimal in der Woche ein Vollbad mit Essigwasser oder Aufgüssen aus Eichenrinde, Stiefmütterchenkraut, Schachtelhalmblättern, Haferstroh. Achten Sie in den ersten sechs Lebensmonaten auf eine kuhmilchfreie Ernährung. Bevorzugen Sie Kleidung aus ungebleichten, ungefärbten Naturmaterialien (bei mindestens 60 °C waschen, wenig Waschmittel und keinen Weichspüler benutzen). Ein spezieller, an Armen und Füßen geschlossener Overall verhindert das Aufkratzen. Wichtig: Ihr Kind braucht nun besonders viel Zuwendung. Hier muß der Arzt helfen: Zur Klärung der Diagnose und zur weiteren Behandlung sollten Sie sich an den Arzt wenden.

2 El Stiefmütterchenblätter mit siedendem Wasser übergießen oder 2 El Schachtelhalmblätter 5 Minuten in ½ l Wasser kochen, 15 Minuten ziehen lassen. Den Aufguß ins Badewasser geben oder einen lauwarmen Umschlag machen.

Symptome: Unruhe, Weinen (Säuglinge schreien, wenn sie hingelegt werden), Hin- und Herwälzen des Kopfes, häufiges Anfassen des Ohres,

Ohrenschmerzen

eventuell geröteter Gehörgang, aus dem Ohr austretende Flüssigkeit, Fieber, Erbrechen, Hörstörungen.
Kurzbeschreibung: Ohrenschmerzen sind meist ein Hinweis auf eine Ohrentzündung, die bei Kindern recht häufig auftritt. Sie entsteht durch eine Infektion des äußeren Gehörganges oder der Mittelohrhöhle (Mittelohrentzündung). Häufigste Ursachen: Schnupfen und Tubenkatarrh. Meistens ist nur ein Ohr entzündet.
Das lindert die Beschwerden: Betten Sie die betroffene Seite des Kopfes auf eine in ein weiches Handtuch gewickelte Wärmflasche oder halten Sie einen angewärmten Waschlappen an das Ohr. Darauf achten, daß kein Wasser in das kranke Ohr gelangt.

Hier muß der Arzt helfen: Eine Ohrentzündung muß immer vom Arzt behandelt werden. Dann heilt sie in der Regel ohne Komplikationen oder Spätfolgen ab.

Ein Ohrwickel mit Zwiebel wirkt entzündungshemmend und schmerzlindernd. Dazu eine rohe Zwiebel kleinschneiden, in ein Taschentuch legen und dieses mit ein paar Stichen zu einem Säckchen zunähen. Die Masse im Tuch etwas durchkneten, eine Weile auf der Heizung oder in der Sonne aufwärmen, dann auf das Ohr legen und mit einem Tuch oder Schal befestigen. Das Gesicht eventuell zusätzlich auf eine (nicht zu heiße) Wärmflasche betten. Den Wickel etwa 20 Minuten einwirken lassen. Bei Bedarf alle zwei Stunden wiederholen.

Symptome: Atemschwierigkeiten, ziehendes Geräusch beim Einatmen, bellender Husten.

Kurzbeschreibung: Die – häufig in den Abend- oder Nachtstunden auftretenden – Atemschwierigkeiten und Hustenanfälle werden durch eine Entzündung des Kehlkopfes verursacht. Sie läßt die Schleimhäute von Kehlkopf und Stimmbändern stark anschwellen. Betroffen sind vor allem Säuglinge und Kinder bis ins Vorschulalter. Mögliche Ursachen sind: erbliche Veranlagung, ein bestehender Virusinfekt, Hochdrucklagen mit klaren Nächten.

Pseudokrupp (Krupphusten)

Das kann die Beschwerden lindern: Nehmen Sie Ihr Kind hoch und versuchen Sie, es zu beruhigen. Lassen Sie es frische, kalte Luft aus dem Kühlschrank oder dem geöffneten Fenster bzw. feuchte, warme Luft (heiße Dusche aufdrehen) einatmen. Versuchen Sie, selbst möglichst ruhig zu bleiben – das hilft auch Ihrem Kind gegen die Angst.

Hier muß der Arzt helfen: Verständigen Sie den Notarzt bei akuter Atemnot, wenn keine Besserung eintritt oder sich der Zustand Ihres Kindes verschlechtert.

Röteln

Zu dieser Kinderkrankheit finden Sie Informationen im Kapitel „BARMER – die richtige Krankenversicherung für die ganze Familie".

Symptome: Hautrötung, nässender Ausschlag, Schuppen- und Krustenbildung.

Kurzbeschreibung: Die in den ersten Lebensmonaten auftretenden Hautstörungen – nicht zu verwechseln mit ➔ Neurodermitis – werden durch eine vermehrte Talgproduktion ausgelöst. Besonders häufig ist der nichtjuckende Gneis: fettige, gelbliche Schuppen auf geröteter Haut, vor allem auf dem Kopf, aber auch im Windelbereich, an Po, Brust, Rücken und in den Gelenkbeugen. Die Hautstörungen verschwinden nach einiger Zeit von selbst. Siehe auch: ➔ Soor, ➔ Windelausschlag.

Säuglingsekzem

Das kann die Beschwerden lindern: Bäder mit Ölzusätzen. Dicke Schorfplatten oder größere Schuppenflächen können Sie mit Babyöl einweichen und vorsichtig ablösen. Tragen Sie auf die betroffenen Stellen am Körper Zink-Schüttelmixtur oder Zink-Vaseline auf.

Hier muß der Arzt helfen: Wenn sich die Haut entzündet.

72

Symptome: laufende oder verstopfte Nase, tränende Augen, manchmal auch Fieber und Halsschmerzen.
Kurzbeschreibung: Meistens handelt es sich um eine harmlose, durch Viren hervorgerufene Infektion der Nasenschleimhäute, die nach ein paar Tagen wieder verschwindet. Eine verstopfte Nase macht Kindern jedoch sehr zu schaffen, vor allem Säuglingen, die noch nicht richtig durch den Mund atmen können.

Schnupfen

Dadurch ist z.B. das Trinken sehr beeinträchtigt.
Das kann die Beschwerden lindern: Inhalieren von Kamillendampf, Einreiben der Brust mit ätherischen Ölen wie Eucalyptus oder Pinienöl, Austupfen der Nase mit Salzwasser-Lösung (9 g Kochsalz auf einen Liter abgekochtes Wasser) oder Nasentropfen aus konzentrierter Kamillenlösung (1 Tasse Beuteltee zubereiten, 3 Eßlöffel Zucker hineinrühren).
Hier muß der Arzt helfen: Wenn der Schnupfen länger als zehn Tage andauert oder sich gelb-grünlicher bzw. schlecht riechender Schleim bildet. Andere Ursachen: Nasenpolypen, Nasennebenhöhlenentzündung, Allergie, Mukoviszidose.

Hilft einem Säugling mit verstopfter Nase: Dreimal täglich etwas Majoranbutter unter der Nase auftragen. Dazu ein wenig Butter schmelzen, einen TL getrockneten Majoran hinzufügen, einige Minuten ziehen lassen und durchseihen. Damit sich Ihr Kind beim Inhalieren nicht verbrüht: Schütten Sie die leicht abgekühlte Kamillenlösung (1 EL Kamillenblüten auf einen Liter siedendes Wasser) ins Waschbecken. Nehmen Sie das Kind auf den Schoß und halten Sie gemeinsam den Kopf über das Becken. Verzichten Sie auf ein abdeckendes Handtuch – es macht vielen Kindern Angst.

Symptome: Hautrötung, rote, schuppende Pickel im Windelbereich, Rötung und weiße Beläge im Mund, Brennen, Juckreiz.

Soor

Kurzbeschreibung: Die schmerzhafte Hautinfektion wird durch einen Hefepilz ausgelöst, der wunde und feuchte Hautstellen befällt. Sie tritt vor allem bei Säuglingen auf.
Das kann die Beschwerden lindern: Wechseln Sie noch häufiger die Windeln. Reinigen Sie die betroffenen Stellen vorsichtig und gründlich mit Wasser (ohne Seife) – gut abtrocknen. Geben Sie entzündungshemmende Zusätze ins Badewasser (z.B. Kamillenlösung, Sud aus Eichenrinde).
Hier muß der Arzt helfen: Bei Verdacht auf Soor sollten Sie immer sofort zum Arzt gehen.

Symptome: Ein kleiner Teil der Nahrung wird nach der Mahlzeit ausgespuckt (im Gegensatz zum → Erbrechen), zum Teil schon geronnen, keine weiteren Symptome.
Kurzbeschreibung: Die meisten Babys spucken, vor allem, wenn sie zu hastig und zu viel getrunken haben. Der Magen versucht, die überschüssige Nahrung wieder loszuwerden.

Spucken

Das kann die Beschwerden lindern: Lassen Sie Ihr Baby zwischendurch immer wieder ein Bäuerchen machen (halten Sie Mullwindeln als Spucktücher bereit). Legen Sie den Säugling nach dem Essen zum Schlafen auf die rechte Seite. In dieser Lage kommt es seltener zum Spucken, und das Gespuckte kann notfalls gut abfließen.
Hier muß der Arzt helfen:
Wenn es sich nicht um Spucken, sondern um → Erbrechen handelt.

Symptome: harter Stuhl, kleine, trockene Kügelchen, manchmal mit etwas Schleim oder Blut besetzt, auch kleine Risse am After.

Kurzbeschreibung: Still-Babys leiden so gut wie nie unter Verstopfung – auch wenn sie manchmal tagelang keinen Stuhlgang haben.

Verstopfung

Das liegt daran, daß die Muttermilch optimal zusammengesetzt ist und vom Säugling nahezu restlos verwertet werden kann. Verstopfung ist eher ein Thema bei Kindern, die Flaschennahrung bekommen, z.B., wenn die Flaschennahrung zu konzentriert ist, weil die Mischung Pulver – Wasser nicht stimmt, oder das Kind nicht genügend Flüssigkeit zu sich nimmt oder stark schwitzt. Bei älteren Kindern kann es zu Verstopfung kommen, wenn die Eltern sie zu schnell ans Töpfchen gewöhnen wollen.

Das kann die Beschwerden lindern: Prüfen Sie gegebenenfalls, ob die Flaschenzubereitung stimmt. Eventuell hilft auch ein Teelöffel Milchzucker pro Flasche. Sorgen Sie dafür, daß Ihr Kind ausreichend trinkt (Tee, stilles Mineralwasser) und sich viel bewegt. Bevorzugen Sie Fertigbrei und Gläschen, die hinsichtlich ihrer Wirkung z.B. als „stuhlauflockernd" gekennzeichnet sind. Füttern Sie gekochtes Apfelmus. Geben Sie auf keinen Fall eigenmächtig Abführmittel oder Klistiere.

Hier muß der Arzt helfen: Wenn die Verstopfung anhält, Blut im Stuhl ist und/oder Ihr Kind insgesamt einen kranken Eindruck macht.

Symptome: gerötete, wunde und fleckige Haut im Windelbereich, deutlicher Ammoniakgeruch in der Windel.

Kurzbeschreibung: Ein Wärme- oder Nässestau, aber auch Reste

Windelausschlag

von Waschmitteln und Weichspülern sowie säurehaltige Nahrungsmittel können zu schmerzhaften Hautreizungen und Entzündungen im Windelbereich führen (Windelausschlag).

Das kann die Beschwerden lindern: Siehe Maßnahmen bei → Soor. Verzichten Sie auf Windelhöschen aus Kunststoff. Fönen Sie nach dem Wickeln oder Baden den Po vorsichtig trocken. Die meisten Babys genießen das ebenso wie Strampeln und Krabbeln mit nacktem Po.

Hier muß der Arzt helfen: Wenn der Ausschlag nicht nach zwei Tagen verschwunden ist oder wenn Sie weiße Flecken im Mund feststellen. Dann könnte es sich um →Soor handeln.

Windpocken

Zu dieser Kinderkrankheit finden Sie Informationen im Kapitel „BARMER – die richtige Krankenversicherung für die ganze Familie".

BARMER – die richtige Krankenversicherung für die ganze Familie

Wenn ein junges Paar eine Familie gründet, ist damit natürlich der Wunsch nach Sicherheit und Geborgenheit verbunden. Dazu gehört auch die Wahl der richtigen Krankenversicherung. Bei der BARMER finden Sie die Sicherheit, die Sie suchen – und zwar für jedes einzelne Familienmitglied.
Denn als kinder- und familienfreundliche Krankenkasse hat die BARMER einiges zu bieten:

Einen für alle berechtigten Familienangehörigen einheitlichen, umfassenden Versicherungsschutz – abgesichert durch die große Solidargemeinschaft der BARMER mit 9,2 Millionen Versicherten

In unserer Solidargemeinschaft treten die Starken für die Schwachen und die Gesunden für die Kranken ein – wie in einer großen Familie.

Einen Beitrag für die ganze Familie – durch beitragsfreie Mitversicherung von anspruchsberechtigten Ehepartnern und Kindern

Bei der BARMER haben Mitglieder und ihre Familienversicherten vom ersten Tag der Mitgliedschaft Anspruch auf die vollen Leistungen der BARMER. Dabei zahlt die ganze Familie grundsätzlich nur einen Beitrag: Angehörige ohne eigenes Einkommen sind kostenfrei mitversichert. Der Beitrag richtet sich prinzipiell nach dem Einkommen. Fragen Sie in Ihrer Geschäftsstelle nach dem Antrag auf die beitragsfreie Mitversicherung Ihrer Kinder oder Ihres anspruchsberechtigten Ehepartners.

Rundumschutz bei Schwangerschaft und Entbindung

Für Mutter und Kind beginnt der Schutz bereits vor der Geburt. Die BARMER trägt die Kosten für die gesamte medizinische Betreuung. Dazu gehören vor allem die Schwangerenvorsorge und – wenn nötig – Verband- und Heilmittel, ärztliche Hilfe sowie Hebammenhilfe bei der Entbindung und die Kosten für die Unterbringung in der Klinik.

Mutterschaftsgeld für Mitglieder oder einmalig gezahltes Entbindungsgeld für familienversicherte Mütter

Mutterschaftsgeld in Höhe des Nettoarbeitsverdienstes bis zu maximal 25,– DM täglich erhalten weibliche BARMER-Mitglieder, die bei Beginn der Schutzfrist in einem Arbeitsverhältnis stehen oder in Heimarbeit beschäftigt sind oder deren Arbeitsverhältnis während Ihrer Schwangerschaft vom Arbeitgeber zulässig aufgelöst worden ist. Weitere Voraussetzungen für das Mutterschaftsgeld, ob und wie lange Mutterschaftsgeld in Höhe des Nettogehaltes oder in Höhe des Krankengeldes gezahlt wird, erfahren Sie bei einem Beratungsgespräch in Ihrer BARMER Geschäftsstelle.

Auch die Frauen, die weder Anspruch auf Mutterschaftsgeld in Höhe des Nettoeinkommens noch in Höhe des Krankengeldes haben, gehen nicht leer aus. Als Mitglieder erhalten sie von der BARMER anläßlich der Entbindung ein Entbindungsgeld in Höhe von 150,– DM.

Weitere Hinweise rund um die Themen Schutzfristen, Mutterschaftsgeld, Erziehungsgeld und Erziehungsurlaub erhalten Sie in dem Faltblatt der BARMER „Leistungen bei Schwangerschaft und Mutterschaft", das in jeder BARMER Geschäftsstelle für Sie bereitliegt.

Grundsätzlich beitragsfreie Fortführung der Mitgliedschaft während der Dauer des gesamten Erziehungsurlaubs bei Müttern mit Anspruch auf Mutterschaftsgeld

Die BARMER führt bei Müttern, die Anspruch auf Mutterschaftsgeld haben, die Mitgliedschaft grundsätzlich während des Erziehungsurlaubs beitragsfrei weiter. So bleibt der wertvolle Versicherungsschutz erhalten, und das freudige Ereignis bietet keinen Grund zu finanzieller Sorge. Bitte denken Sie daran, nach dem Ende des Erziehungsurlaubs die Fortführung der Krankenversicherung bei der BARMER sicherzustellen – entweder als eigene Mitgliedschaft, sofern Sie wieder ins Berufsleben zurückkehren, oder als beitragsfreie Versicherung über die BARMER Mitgliedschaft Ihres Ehepartners.

Übernahme der Kosten für die regelmäßigen Kindervorsorgeuntersuchungen

Daß Ihre Kinder von der Geburt an gesund ins weitere Leben gehen können, ist nicht nur Ihr Wunsch, sondern auch ein Anliegen der BARMER. Darum zahlt die BARMER mehrere Vorsorgeuntersuchungen für Ihr Kind.

Neun Vorsorgeuntersuchungen gibt es für Kinder in den ersten Lebensjahren. Sie dienen dazu, eventuelle Krankheiten und Beschwerden frühzeitig erkennen und behandeln zu können. Dabei werden die Organe geprüft. Vor allem wird aber getestet, wie sich das Hören und das Sprechen entwickeln. Nutzen Sie diese Vorsorgetermine – im Interesse Ihres Kindes.

Und das wird gecheckt:

U 1:
Neugeborenen-Untersuchung: Direkt nach der Geburt werden Hautfarbe, Atmung, Muskeltätigkeit, Herzschlag und Reflexe kontrolliert.

U 2:
3. – 10. Tag Alle Organe, die Reflexe und die Hüftgelenke werden untersucht. Aus der Ferse wird eine Blutprobe entnommen. Sie dient der Früherkennung von eventuellen Stoffwechsel- und Hormonstörungen.

U 3:
4. – 6. Woche Der Arzt prüft, ob sich die Reflexe, die Motorik, das Gewicht und die Reaktionen altersgemäß entwickeln. Er erkundigt sich, ob das Baby gut trinkt. Er tastet bzw. hört die Organe ab. Zu diesem Zeitpunkt wird außerdem das Gehör des Säuglings getestet.

U 4:
3. – 4. Monat Auch bei diesem Vorsorgetermin wird die Hörfähigkeit geprüft. Außerdem kontrolliert die Ärztin das Sehvermögen, die Hüftgelenke und das Nervensystem.

U 5:
6. – 7. Monat Wieder geht es darum, ob das Baby gut hören und sehen kann. Darüber hinaus schaut der Arzt nach, ob es sich seinem Alter entsprechend bewegt und hält.

U 6:
10. – 12. Monat Bei diesem Termin stehen die geistige Entwicklung und die Sinnesorgane im Mittelpunkt. Die Ärztin fragt, ob das Kind Doppellaute plappert, auf seinen Namen reagiert und kleine Aufforderungen versteht. Des weiteren wird geprüft, ob es schon krabbelt, sitzen oder stehen kann.

U 7:
21. – 24. Monat Mit einfachen Bildern oder im Gespräch testet der Arzt, wie weit das Kind in seiner sprachlichen Entwicklung ist. Auch die Feinmotorik und die Körperbeherrschung werden beobachtet.

U 8:
43. – 48. Monat Alle Organe, die Bewegungsabläufe und die generelle Entwicklung werden jetzt überprüft. So können noch rechtzeitig vor der Einschulung eventuelle Organerkrankungen, Bewegungsstörungen, Seh- und Hörfehler, Sprachstörungen und Verhaltensauffälligkeiten erkannt und gezielt behandelt werden.

U 9:
60. – 64. Monat Wieder werden alle Organe genau untersucht. Außerdem testet die Ärztin das Gehör, die Sehfähigkeit, die Sprachentwicklung und die Bewegung. Auch hier ist das Ziel, eventuelle Krankheiten vor dem Schuleintritt zu heilen, um dem Kind zeit- und nervenraubende Therapien parallel zum Lernen zu ersparen.

Krankengeld bei Erkrankung eines Kindes

Wer Kinder hat, weiß, wie wichtig es ist, daß ein Elternteil Beistand leistet, wenn die Kleinen mal das Bett hüten müssen. Deshalb erhalten Väter oder Mütter, wenn sie wegen ihres kranken Kindes nicht arbeiten können, Krankengeld. Nähere Informationen zur Antragstellung bekommen Sie bei der BARMER.

Haushaltshilfe bei Erkrankung des haushaltsführenden Elternteils

Wenn Mütter oder Väter so krank sind, daß sie ihren Haushalt nicht mehr führen beziehungsweise die Kinder nicht versorgen können, hilft die BARMER. Sie übernimmt nicht nur die Kosten für die ärztliche Behandlung, sondern auch für eine Haushaltshilfe. Auf Wunsch beraten Sie die Mitarbeiterinnen und Mitarbeiter in Ihrer BARMER Geschäftsstelle gern.

Mutter-Kind-Kuren

Mutter und Kind gehören zusammen. Gemeinsam bewältigen Sie den Alltag, werden vielfältigen, wenn auch unterschiedlichen Anforderungen gerecht. Für die Mütter ist das Spektrum der Anforderungen meist ungleich größer: Familie, Haushalt, oft auch noch Beruf, alles zusammen kann zu körperlicher und/oder psychischer Überlastung führen, unter der zuerst die Mutter, in der Folge aber auch die Kinder leiden.

Die BARMER als familienfreundliche Krankenkasse legt großen Wert darauf, Mütter und ihre Kinder vor drohenden Krankheiten und Krankheitsrisiken zu schützen und bei bereits bestehenden Erkrankungen adäquat medizinisch (rehabilitativ) zu helfen. Basierend auf einem ganzheitlichen Therapiekonzept werden Mutter-Kind-Kuren in ausgewählten, qualifizierten Vertragskliniken der BARMER durchgeführt. Bei der Mutter-Kind-Kur steht die medizinische, psychosoziale Hilfe für die kur- und rehabedürftige Mutter sowie für die erkrankten Kinder im Vordergrund. Gesundheitsfördernd wirkt neben den therapeutischen Maßnahmen,

etwa gegen Atemwegs-, Haut-, Stoffwechsel- und psychosomatischen Erkrankungen, auch der Aufenthalt fern dem gewohnten, häufig streßgeprägten Lebensumfeld. Speziell ausgebildete Vertragsärzte, Allergologen und Allgemeinmediziner sorgen in den BARMER Vertragskliniken für Gesundheit und Wohlergehen der kleinen und großen Patienten.

Die Kuren für Mütter mit Kindern vom 3. bis zum vollendeten 12. Lebensjahr sollen dem Abbau von akuten Gesundheitsstörungen und verhaltensabhängigen Risikofaktoren und der gezielten funktionalen Behandlung von bereits bestehenden Erkrankungen dienen. Neben der Behandlung von gesundheitlichen Beeinträchtigungen ist es ein Hauptanliegen der Kur, gesundheitserhaltende Verhaltensweisen zu erleben und einzuüben.

Sofern es aus medizinischen Gründen erforderlich ist, übernimmt die BARMER die Kosten für eine Mutter-Kind-Kur. Nähere Informationen zum Antragverfahren und der Höhe der Zuzahlungen sowie zu den Mutter-Kind-Kurkliniken der BARMER erhalten Sie in Ihrer BARMER Geschäftsstelle. Dort gibt es auch Prospektmaterial und auf Anforderung Anschauungsvideos. Außerdem informieren Sie die Mitarbeiterinnen und Mitarbeiter der BARMER vor Ort auch über die Möglichkeiten der Zuzahlungsbefreiung.

Übernahme der Kosten für die wichtigsten Schutzimpfungen (Standardimpfungen)

Schutzimpfungen zählen nach gesicherter Erkenntnis zu den wichtigsten und wirksamsten vorbeugenden Maßnahmen in der Medizin. Die Schutzwirkung von Impfungen hält viele Jahre, zum Teil sogar ein Leben lang. Manchmal genügt eine einmalige Impfung, häufig sind aber mehrere Wiederholungsimpfungen erforderlich, bis der volle Impfschutz vorhanden ist. Auf dieser Seite finden Sie die wichtigsten Schutzimpfungen und Hinweise zu Wiederholungsimpfungen aufgeführt

Zur Verhütung dieser Infektionskrankheit sollten Sie bei Ihrem Kind ab dem 3. Lebensmonat eine Grundimmunisierung (3 Impfungen) und ab dem 6. Lebensjahr eine Wiederimpfung durchführen lassen. Da die Diphtherie keine Kinderkrankheit ist, sind später in etwa zehnjährigem Abstand regelmäßig Auffrischungsimpfungen, möglichst in Kombination mit den Tetanusimpfungen, notwendig.

Diphtherie

Die häufigsten durch das Hib-Bakterium ausgelösten Krankheiten sind die Meningitis (Hirnhautentzündung) und die Epiglottitis (Kehldeckelentzündung), aber auch Otitis media (Mittelohrentzündung), Arthritis (Gelenkentzündung) und sogar Sepsis (Allgemeininfektion mit Krankheitserscheinungen) können vorkommen.
Da Hib in zunehmendem Maße Resistenzen gegen Antibiotika entwickelt, ist eine Therapie manchmal schwierig. Die beste Methode, dieser Erkrankung zu begegnen, ist daher eine vorbeugende Impfung aller Kinder ab dem 3. Lebensmonat. Die Impfung ist sehr gut verträglich. Harmlose Nebenwirkungen wie Rötung und Schwellung an der Injektionsstelle sowie leichtes Fieber treten nur selten auf.

Haemophilus influenzae b (Hib)

Die Hepatitis B ist eine Leberentzündung, die durch ein spezielles Virus ausgelöst wird. Die Übertragung der Virushepatitis B erfolgt durch den Kontakt mit dem Blut infizierter Personen. Hepatitis-B-positive Mütter können während der Geburt ihr Kind infizieren. Auch durch engen körperlichen und intimen Kontakt ist eine Übertragung möglich. Die gut verträgliche Impfung gegen Hepatitis B wird von der Ständigen Impfkommission seit einiger Zeit nicht nur für Risikopersonen, sondern für alle Kinder und Jugendlichen empfohlen. Der Grund dafür ist, daß ¾ aller Hepatitis-B-Fälle nicht bei Risikogruppen, sondern in der „Normalbevölkerung" auftreten.

Virushepatitis B

Der Keuchhusten gehört zu den gefährlichsten Infektionskrankheiten des Säuglingsalters. Deshalb rät die Ständige Impfkommission, alle Kinder ab dem 3. Lebensmonat gegen Keuchhusten zu impfen. Seit einiger Zeit stehen neue, sogenannte „azelluläre" Impfstoffe gegen Keuchhusten zur Verfügung. Diese Impfstoffe führen seltener zu Fieber oder Rötung und Schwellung an der Einstichstelle als die „Ganzkeimimpfstoffe".

Keuchhusten

Kinderlähmung
(Poliomyelitis)

Die Kinderlähmung ist eine akute Infektionskrankheit, bei der es durch den Befall des Zentralnervensystems zu Lähmungen kommen kann. Alle Kleinkinder sollten drei Schluckimpfungen in den ersten beiden Lebensjahren erhalten (Grundimmunisierung). Mit zehn Jahren erfolgt dann eine Auffrischimpfung. Weitere Auffrischimpfungen sind auch im Erwachsenenalter in etwa zehnjährigem Abstand sinnvoll, vor allem vor Reisen in den Süden, da in vielen Ländern die Kinderlähmung noch häufig vorkommt und für Ungeimpfte die Gefahr der Ansteckung gegeben ist.

Masern

Die Masern werden auch heute häufig als harmlose Kinderkrankheit angesehen, obwohl sie teils durch schwerwiegende Komplikationen belastet sind. Die gefährlichste ist die Gehirnentzündung mit einer Sterblichkeit von mehr als 20 Prozent. Als häufige Komplikationen kommen Mittelohrentzündung und Lungenentzündung vor, die vor allem für Kleinkinder bedrohlich sein können. Durch Impfungen werden diese schweren Krankheitsfälle vermieden. Die Masern-Mumps-Röteln-Kombinationsimpfung (MMR) ist eine Routineimpfung, die einmal ab dem 15. Lebensmonat und zum zweiten Mal ab dem sechsten Lebensjahr auf dem Plan steht. Diese zweite Impfung ist unbedingt notwendig, denn es gibt einige Kinder, die nach der ersten Impfung keine Abwehrstoffe bilden. Sie dient also dazu, alle noch vorhandenen Impflücken zu schließen.

Mumps

Die Gefahr der Mumpsinfektion liegt, wie bei vielen sogenannten Kinderkrankheiten, in den möglichen Komplikationen. Bei etwa 10 bis 15 Prozent der Infektionen kommt es zu einer Hirnhautentzündung. Wenn die Mumpserkrankung nach der Pubertät auftritt, gewinnen andere Komplikationen an Bedeutung: Bei Jungen kommt es häufig zu einer einseitigen, seltener zu einer doppelseitigen Hodenentzündung mit Gefahr einer späteren Unfruchtbarkeit. Kinder ab dem 15. Lebensmonat sollten gegen Mumps geimpft werden; am besten als Kombinationsimpfung mit dem Masern-Mumps-Röteln-Impfstoff. Ab dem 6. Lebensjahr ist eine Wiederimpfung empfehlenswert.

Röteln

Komplikationen im Verlauf einer Rötelninfektion sind sehr selten. Gefürchtet sind die Röteln allerdings, wenn sie in den ersten drei Monaten der Schwangerschaft auftreten. Die Gefahr der Schädigung des heranwachsenden Kindes ist in diesem Fall sehr groß. Es kann zu schweren Augenschäden bis hin zur Blindheit, zu Taubheit, Herzmißbildungen und geistigen Schäden kommen. Durch rechtzeitig durchgeführte Rötelnschutzimpfungen können Sie diese schweren Schäden verhindern. Alle Kleinkinder ab dem 15. Lebensmonat (Jungen und Mädchen) sollten – gemeinsam mit der Masern-Mumps-Impfung gegen Röteln geimpft werden, außerdem alle Kinder ab dem 6. Lebensjahr. Mädchen erhalten zusätzlich vor Eintritt der Pubertät eine Impfung, unabhängig davon, ob sie bereits als Kleinkinder gegen Röteln geimpft wurden. Allen Frauen, bei denen ein Kinderwunsch besteht und bei denen die Immunitätslage gegen Röteln ungeklärt ist, wird empfohlen, ihre Röteln-Antikörper kontrollieren zu lassen. Falls keine ausreichenden Röteln-Antikörper nachweisbar sind, lassen Sie sich rechtzeitig vor einer geplanten Schwangerschaft – mindestens 3 Monate vorher – gegen Röteln impfen.

Der Erreger des Tetanus kommt in Schmutz, Erde sowie menschlichen und tierischen Fäkalien vor. Voraussetzung für eine Infektion ist eine – wenn auch nur geringfügige – Verletzung der Haut oder Schleimhaut. Achten Sie darauf, daß Ihr Kind ab dem 3. Lebensmonat, gemeinsam mit der Impfung gegen Diphtherie und Keuchhusten, gegen Tetanus geimpft wird. Auch im späteren Lebensalter ist eine Grundimmunisierung möglich. Auffrischimpfungen sind alle zehn Jahre erforderlich, im Verletzungsfall früher.

Tetanus
(Wundstarrkrampf)

Die Tuberkulose kann insbesondere im Säuglings- und Kleinkindesalter zahlreiche Komplikationen nach sich ziehen. Säuglinge sind gegenüber einer Ansteckung mit Tuberkulose besonders gefährdet. Daher wird empfohlen, die Impfung gegen Tuberkulose bei Kindern in besonders gefährdeten Lebensbereichen durchzuführen. Einer erhöhten Ansteckungsgefahr sind Kinder ausgesetzt, in deren engerem Lebensraum eine an ansteckender Tuberkulose erkrankte Person lebt, und Neugeborene, deren Eltern aus Gebieten mit erhöhtem Tuberkulose-Risiko kommen.

Tuberkulose

Über diese und weitere Schutzimpfungen bei besonderer Gefährdung und im Reiseverkehr informiert Sie auch gern Ihre BARMER Geschäftsstelle. Hier erhalten Sie außerdem das Faltblatt „Impfen nützt – Impfen schützt" mit Hinweisen zu den wichtigsten Schutzimpfungen. Darüber hinaus beraten und informieren auch die Gesundheitsämter und niedergelassene Ärztinnen und Ärzte. Viele Impfungen führen die Gesundheitsämter zu festgesetzten Impfterminen kostenlos durch. Auch die niedergelassenen Ärztinnen und Ärzte können mit Ausnahme einiger spezieller Impfungen alle Schutzimpfungen durchführen. Welche Impfungen direkt über die Krankenversichertenkarte abgerechnet werden können und in welchen Fällen eine Kostenbeteiligung möglich ist, sagen Ihnen die Mitarbeiterinnen und Mitarbeiter in Ihrer BARMER Geschäftsstelle.

Service aus einer Hand, der Zeit, Wege und Geld spart, denn: Mit rund 3.500 Geschäfts- und Beratungsstellen im gesamten Bundesgebiet ist die BARMER auch bei Umzug für Sie und Ihre Familie immer in Ihrer Nähe.
Das gilt bei Ihrem eigenen Wohnortwechsel, aber auch beim Wohnortwechsel Ihrer Kinder zukünftig, zum Beispiel wegen Aufnahme eines Studiums oder dem Studienortwechsel.
Sie kennen jetzt unseren umfangreichen Service für die ganze Familie. Wir bieten jedem Mitglied und seiner Familie individuelle Beratung, ein umfassendes Leistungsangebot und ein faires Preis-Leistungsverhältnis – von Anfang an. Sie wissen, wovon andere reden. Deshalb sagen Sie es bitte weiter...
Engagieren Sie sich gemeinsam mit uns für eine starke Solidargemeinschaft. Sprechen Sie demnächst doch einfach auch mit Ihren Verwandten, Freunden und Bekannten über die Vorteile einer Mitgliedschaft bei der BARMER.

Impfkalender nach den Impfempfehlungen der Ständigen Impfkommission

Empfohlenes Impfalter	Impfung gegen	Nächster Termin (Raum für Ihre Eintragungen)
ab Beginn des 3. Monats	1. Impfung gegen Diphtherie, Keuchhusten, Tetanus und Haemophilus influenzae Typ b 1. Impfung gegen Hepatitis B 1. Schluckimpfung gegen Kinderlähmung	_____
ab Beginn des 4. Monats	2. Impfung gegen Diphtherie, Keuchhusten, Tetanus und eventuell gegen Haemophilus influenzae Typ b (wenn ein Kombinations-impfstoff verwendet wurde)	_____
ab Beginn des 5. Monats	3. Impfung gegen Diphtherie, Keuchhusten, Tetanus und 2. bzw. 3. Impfung gegen Haemophilus influenzae Typ b 2. Impfung gegen Hepatitis B 2. Schluckimpfung gegen Kinderlähmung	_____
ab Beginn des 13. Monats	4. Impfung gegen Diphtherie, Keuchhusten, Tetanus und 3. bzw. 4. Impfung gegen Haemophilus influenzae Typ b 3. Impfung gegen Hepatitis B 3. Schluckimpfung gegen Kinderlähmung	_____
ab Beginn des 15. Monats	1. Impfung gegen Masern, Mumps und Röteln	_____
ab Beginn des 6. Jahres	1. Auffrischimpfung gegen Tetanus und Diphtherie (Td-Kombinationsimpfstoff) 2. Impfung gegen Masern, Mumps und Röteln	_____
ab Beginn des 10. Jahres	Schluckimpfung gegen Kinderlähmung	_____
11. bis 15. Jahr	2. Auffrischimpfung gegen Tetanus und Diphtherie (Td) 1. Auffrischimpfung gegen Hepatitis B Impfung gegen Röteln für alle Mädchen, auch wenn sie bereits (z.B. mit dem Masern-Mumps-Röteln-Impfstoff) gegen Röteln geimpft wurden	_____
ab Beginn des 13. Jahres	Impfung gegen Hepatitis B für alle noch nicht gegen Hepatitis B geimpften Jugendlichen	_____
Erwachsene	3. Auffrischimpfung gegen Diphtherie und Tetanus alle 10 Jahre Auffrischimpfungen gegen Poliomyelitis alle 10 Jahre bei besonderer Gefährdung, z. B. Reisen in südliche Länder	_____

Gerade in den ersten Lebensjahren ist Ihr Kind besonders durch Unfälle gefährdet. Wir möchten Ihnen einige Ratschläge geben, die Ihnen dabei helfen, daß Ihr Kind eben nicht „in den Brunnen fällt".

Mit Sicherheit groß werden

Unterschätzen Sie niemals die Fähigkeiten Ihres Kindes. Ihr Sprößling macht mitunter unvorhergesehene Entwicklungsfortschritte. Schon bevor Ihr Kind in eine neue Entwicklungsphase eintritt, sollten Sie sich darauf einstellen. Die Zeitangaben, wann ein Kind welche Fähigkeiten besitzen sollte, können dabei nur als Richtwerte dienen. Es gibt Kinder, die früher, und andere, die später ihre Fähigkeiten erlangen. Auf jeden Fall sollten Sie darauf vorbereitet sein, daß Ihr Kind beinahe täglich seine Mobilität verändert. Sie sollten sich auch immer bewußt

Grundsätzliches

machen, daß es eine hundertprozentige Sicherheit nicht gibt. Sie können zwar auf vieles achten, aber auch bei höchster Aufmerksamkeit passieren Unfälle.

Versuchen Sie, Ihrem Kind frühzeitig Gefahren zu erklären. Auch wenn es „das ist scharf", „das ist heiß" nicht sofort versteht, prägt es sich doch die Betonung ein, mit der Sie darauf hinweisen. Erschrecken Sie nicht, wenn sich Ihr Kind wirklich einmal die Finger verbrennt oder sich schneidet. Oft hilft eine solch relativ glimpflich verlaufende Panne, um Ihren Warnungen den nötigen Nachdruck zu verleihen. Schlimmeres wird dadurch meistens vermieden.

In seiner täglichen Erfahrungslandschaft ist Ihr Kind mit einer Reihe von potentiellen Gefahrenherden konfrontiert:

Gefahrenherde

* Die Küche
* Das Badezimmer
* Das Wohnzimmer
* Das Kinderzimmer
* Die Treppe
* Der Balkon
* Der Garten

Im folgenden haben wir für diese Orte Sicherheits-Checklisten zusammengestellt. Sie erheben keinen Anspruch auf Vollständigkeit, enthalten aber praktische Tips. Trotzdem müssen Sie unablässig ein Auge auf die kleinen „Abenteurer" haben.

Hier passieren viele und vor allem auch schwere Unfälle. Töpfe, deren Stiele über den Herdrand hinausragen, fallen schnell und führen zu schweren Verbrühungen. Gefliester

Die Küche

Boden ist ohnehin glatt. Wenn darauf Flüssigkeiten überschwappen, wird er schnell zur Rutschbahn. Das ist häufig die Ursache böser Stürze. Außerdem sorgen Reinigungsmittel im Schrank unter der Spüle sowie scharfe Ecken und Kanten dafür, daß sich die Küche in der Liste der Gefahren weit oben befindet.

Überprüfen Sie folgende Punkte in Ihrer Küche:

- Besitzen Sie ein Herdgitter oder stellen Sie zumindest die Töpfe mit Stielen und Griffen beim Kochen nach hinten?
- Kommt es vor, daß der Boden naß ist, ohne daß die Flüssigkeit gleich aufgewischt wird?
- Befinden sich Reinigungsmittel in der Reichweite Ihres Kindes oder sind sie durch eine Türsperre am Schrank gesichert?
- Gibt es scharfe Ecken und Kanten, die Sie eventuell abdecken können? Für diese Fälle gibt es im Fachhandel Schutzkappen.
- Sind Regale und Schränke ausreichend in der Wand verankert, falls Ihr Kind versucht, diese interessanten „Klettergerüste" zu erklimmen?
- Können die Schubladen herausfallen, wenn Ihr Kind daran zieht?
- Sind vor allem Schubladen gesichert, die Messer und Besteck enthalten?
- Haben Sie Sitzkissen auf Stühlen und Bänken, die mit Ihrem Sprößling herunterrutschen können?

Viele der Unfallursachen aus der Küche lassen sich auf das Badezimmer übertragen. Rutschige Fliesen, scharfe Ecken

Das Badezimmer

und Reinigungsmittel sind für Ihr Kind auch hier gefährlich. Außerdem bewahren Sie im Bad wahrscheinlich Kosmetika und Arzneimittel auf. Das sind ganz spezifische „Badezimmer-Gefahren":

- Sind sämtliche Elektrogeräte, die im Badezimmer benutzt werden, außer Reichweite des Kindes untergebracht?
- Ist Ihre Badewanne/Duschwanne mit rutschfesten Aufklebern ausgestattet?
- Befinden sich Badeperlen, Seife, Kosmetika oder ähnliches außer Reichweite der Kleinen?
- Ist der Toilettendeckel immer geschlossen?

Im Badezimmer, wie auch nach Möglichkeit sonst im Haus, sollten Sie Ihr Kind grundsätzlich nicht alleine lassen. Außer den hier aufgeführten Gefahren besteht immer noch die Möglichkeit, daß das Kind Wasserhähne öffnet, sich die Hände einklemmt, sich stößt oder auch die Schale der Toilettenbürste zum Planschen benutzt.

Natürlich gibt es auch in Bad und Küche Steckdosen. Aber im Wohnzimmer befinden sich besonders viele in Fußbodennähe. Hier

Das Wohnzimmer

ist es manchmal schwer, die tatendurstigen Kleinen immer im Auge zu behalten. Es empfiehlt sich, gerade im Wohnzimmer Steckdosen mit einer Kindersicherung zu schließen, besser ist es natürlich, wenn Sie alle Steckdosen sichern.

- Sind Ihre Wohnzimmermöbel ausreichend gegen Umkippen gesichert?
- Stehen Gegenstände frei im Raum, die auf Ihr Kind fallen können?
- Haben Sie Pflanzen, die eventuell für Ihr Kind giftig sind? Im Zweifelsfall kann Ihnen ein Florist aus Ihrem örtlichen Blumengeschäft helfen.
- Liegen Kabel offen? Wenn es keine Möglichkeit gibt, sie unter Putz zu legen, helfen Kabelkanäle. Oder rollen Sie zu lange Kabel einfach auf.
- Gibt es scharfe Ecken und Kanten an Glastischen und Vitrinen? Schutzkappen runden sie ab.

Da Ihr Kind später auch viel alleine in seinem Zimmer spielt, sollten Sie für das Kinderzimmer die höchsten Sicherheitsmaßstäbe ansetzen.

Das Kinderzimmer

- Lassen Sie Ihr Kind niemals allein auf dem Wickeltisch liegen (die meisten schweren Verletzungen entstehen durch Stürze). Stellen Sie Babywippen nie auf den Tisch, sondern immer auf den Boden.
  Schon beim Möbelkauf müssen Sie auf Formaldehyd achten. Höchste Vorsicht ist geboten, wenn die Luft im Kinderzimmer beißend riecht und die Augen tränen – zu hohe Formaldehydwerte können vorliegen. Achten Sie auch beim Teppichkleber darauf, ob er Formaldehyd enthält.
- Der Fußbodenbelag im Kinderzimmer sollte auf jeden Fall weich sein. Ein Korkboden (mit Lack auf Wasserbasis versiegelt) oder ein Teppich mit kurzem Haar sind ideal.
- Die Sprossen des Gitterbettes Ihres Kindes sollten 4,5 - 6,5 Zentimeter auseinander stehen. Das Bett sollte keine Ritzen haben, in denen sich Ihr Kind die Finger einklemmen kann. Die Seitenwände sollten die Matratze um mindestens 60 Zentimeter überragen, damit Ihr Kind nicht aus seinem Bett stürzt.

- Achten Sie darauf, daß die Decke nicht zu schwer ist und unten am Bett fixiert werden kann. Damit verhindern Sie, daß Ihr Kind die Bettdecke im Schlaf über den Kopf zieht und Atemnot bekommt.
- Es empfiehlt sich, ein „mitwachsendes" Bett zu kaufen, das Sie in Höhe und Ausstattung an das Alter der Kinder (bis etwa 4 Jahre) anpassen können.
  Wenn Sie Spielzeug kaufen, sollten Sie darauf achten, daß es keine beweglichen Teile enthält. Ihr Kind könnte sie verschlucken und daran ersticken. Achten Sie darauf, daß auf dem Spielzeug steht: Geeignet für Kinder unter drei Jahren.

Wenn Sie für Ihr Kind Malstifte kaufen, achten Sie bitte immer darauf, daß sie einen neutralen, vielleicht sogar leicht unangenehmen Geruch haben. Auch ein bitterer Geschmack hält Kinder davon ab, die Stifte in den Mund zu nehmen. Stifte mit Erdbeer- oder Bananenduft verleiten Kinder dazu, sie zu probieren.

Allgemein gilt für die Einrichtung des Kinderzimmers „weniger ist mehr". Sie sollten dem Kind nicht zu viele Möbel zumuten, sondern eine möglichst große Spiel- und Bewegungsfläche vorsehen. Weniger Möbel bergen auch weniger Gefahren.

Die Fachwelt ist sich einig, daß ein eigener Raum für jedes Kind gut ist. Ein eigenes Zimmer, möglichst mindestens acht Quadratmeter groß und nicht weit vom Aufenthaltsort der Eltern entfernt, wäre optimal. Wenn Ihr Kind erst einmal allein spielen kann, möchte es Sie trotzdem immer in seiner Nähe wissen. Ist ein eigenes Reich nicht möglich, sollten Sie Ihrem Kind zumindest eine abgetrennte Nische in einem Raum zur Verfügung stellen.

Halten Sie sich mit Farben im Kinderzimmer zurück. Zu viele und zu grelle Farben auf der Tapete haben einen negativen Einfluß auf die Entwicklung der kindlichen Phantasie.

Auf dem Balkon sollte sich Ihr Kind niemals unbeaufsichtigt aufhalten.

Der Balkon

Auch hier müssen Sie auf rutschigen Boden und Klemm- oder Würgegefahren achten.

Sonnenschirme, Blumentöpfe und ähnliches sollten Sie so anbringen, daß sie weder auf Ihr Kind, noch vom Balkon auf die Straße fallen können.

Gegenstände, die Ihr Kind an das Balkongitter schieben und darauf klettern kann, verbannen Sie am besten.

Balkonpflanzen sollten wie alle Pflanzen im Haus ungiftig für Ihren Sprößling sein.

Beim Spielen im Freien auf Insekten achten. Wespen, deren Stich bei Erwachsenen „nur" unangenehme Erinnerungen hinterläßt, können für Kleinkinder lebensbedrohend sein.

Vergessen Sie nie, daß Ihr Kind besonders empfindlich gegen Sonneneinstrahlung und hohe Ozonwerte ist. Meiden Sie daher den Balkon an besonders sonnigen oder ozonträchtigen Sommertagen.

Auf Treppen ereignen sich leider sehr viele schwere Unfälle mit Kindern. Dabei ist ein wirksamer Schutz leicht möglich.

Die Treppe

Haben Sie rutschende Teppiche auf der Treppe, glatte Stein- oder Parkettstufen? Gummimatten oder Teppiche mit Rutschstop mindern die Gefahr.

Es gibt auch sogenannte Treppengitter. Diese Gatter bringen Sie im Türrahmen an. Sie verhindern, daß Ihr Kind selbständig „auf Wanderschaft" geht.

So wichtig es für Ihr Kind ist, Natur zu erfahren, so viele Gefahren lauern auch hier. Ihr Kind begreift seine Welt nicht nur, indem es Dinge anfaßt, es will sie auch riechen und schmecken. Im Garten kann dieser Forscherdrang fatale Folgen haben.

Der Garten

- Der günstigste Aufenthaltsort für Ihr Kind ist der kurz gemähte Rasen. Er ist weich und birgt kaum Verschluck- oder Vergiftungsgefahren.
- Auch im Sandkasten können sich Kinder ab 6 Monaten relativ gefahrlos aufhalten.
- Wichtig ist, daß Ihr Kind nicht unbemerkt ausbüchsen kann. Auch im Garten gilt: immer mit Aufsicht!

- In Gartenteichen und Regentonnen können Babys und Kleinkinder ertrinken. Decken Sie sie mit einem stabilen Armierungsgitter oder einer Holzplatte ab. Sie können auch einen Schutzzaun errichten.
- Gartenschläuche sind Stolperfallen, wenn sie herumliegen. Rollen Sie sie immer auf eine Trommel auf.
- Sobald Ihr Kind etwas älter ist, sollten Sie ihm eigenes Kunststoffgartenwerkzeug kaufen. Dadurch wird der Nachahmungstrieb befriedigt, und Ihr Kind greift nicht zu gefährlichen Gartengeräten. Vorher achten Sie immer darauf, daß sich keinerlei Garten- oder sonstiges Werkzeug in Reichweite Ihres Kindes befindet.

- Höchste Vorsicht ist bei folgenden Pflanzen oder Pflanzenteilen geboten:

- Alpenveilchen
- Aronstab
- Eibe
- Eisenhut
- Engelstrompete
- Fingerhut
- Gelbe Narzisse

- Goldregen
- Herbstzeitlose
- Ligusterbeeren
- Maiglöckchenblätter
- Oleander
- Pfaffenhütchen

- Riesen-Bärenklau
- Stechapfel
- Stechpalme
- Thuja
- Tollkirsche
- Wunderbaumsamen

Das ist eine Auswahl an Giftpflanzen, die in unseren Gärten häufig zu findensind. Im Zweifelsfall gilt für Kinder immer: Finger weg!

☀ Im Haus ist Ihr Kind mit rutschfesten Socken bestens ausgestattet. Sie gewähren den kleinen Füßen ein Maximum an Freiraum und sind dabei die sicherste Variante auf allen Böden. Im Freien achten Sie bitte auf passendes Schuhwerk. Zu große Schuhe können sich zu bösen Stolperfallen entwickeln.

☀ Ein Luftzug, und der Finger Ihres Kindes ist in der Tür eingeklemmt. Abhilfe schafft ein Türstopper. Sie bringen ihn am Rahmen an und er verhindert, daß die Tür unbeabsichtigt zuschlägt.

☀ Zigaretten müssen Sie immer außerhalb der Reichweite Ihres Kindes aufbewahren. Zigaretten und auch die Reste davon im Aschenbecher enthalten für Kleinkinder tödliche Nikotinmengen. Davon abgesehen ist auch das Passivrauchen für Babys und Kinder ungleich schädlicher als für Erwachsene.

☀ Denken Sie immer daran: Ihr Kind ahmt nach, was Sie ihm vormachen. Alkoholgenuß oder die Einnahme von Tabletten sollen niemals vor den Augen Ihres Kindes passieren. Lassen Sie keine halbvollen Gläser nach Partys stehen.

☀ Vielleicht haben Sie selbst schon die Erfahrung gemacht, daß Streß ansteckend ist. Das gilt um so mehr für Ihr Kind. Vermeiden Sie es, Ihr Kind Streß spüren zu lassen. Unruhe, Nervosität und Unachtsamkeit wären die Folge.

☀ Wie bei Erwachsenen ist auch bei Kindern zu bestimmten Tageszeiten die Konzentrationsfähigkeit herabgesetzt. Vor dem Schlafengehen gilt erhöhte Wachsamkeit.

Produkte zur Kindersicherheit werden zum Beispiel von der Stiftung Warentest geprüft. Testergebnisse können Sie dort anfordern.

Viele Organisationen, wie das Rote Kreuz oder der Malteser Hilfsdienst, bieten Kurse in Erster Hilfe an. Dabei geht es speziell auch um Unfälle und Verletzungen von Kindern. Wenn Sie Fragen zu Vergiftungsgefahren haben, können Sie sich unter anderem an die Infozentrale gegen Vergiftung, Zentrum für Kinderheilkunde der Universität Bonn, Adenauerallee 119, 53113 Bonn wenden. Telefonnummer: 0228/28 73 21 1. Fragen Sie Ihren Kinderarzt nach örtlichen Giftnotrufzentralen. Belegen Sie eine Speichertaste Ihres Telefons mit dieser Nummer. Bei kaum einem anderen Unfall müssen Sie so schnell handeln wie bei Vergiftungen!

Vom Säugling zur Persönlichkeit

In der heutigen Gesellschaft stehen Sie als Eltern nicht nur mit Ihrer Erziehungsverantwortung relativ alleine da. Es gibt zudem unendlich viele Modelle, zwischen denen Sie sich für Ihr Kind entscheiden können. Gleichzeitig steigen die Anforderungen, die unsere Welt an Kinder und Jugendliche stellt. Ihr Bedürfnis nach Information ist daher nicht nur verständlich, es ist auch notwendig. Es gibt wissenschaftliche Erkenntnisse darüber, was Kinder in ihren jeweiligen Altersstufen brauchen. Sie helfen Ihnen, sich zu orientieren und sich Anregungen zu holen für den täglichen Umgang mit Ihrem Kind. Verantwortung wahrnehmen und verantwortlich handeln heißt: Informieren Sie sich und beziehen Sie die neuen Erkenntnisse in Ihr Denken und Ihr alltägliches Handeln ein. Dieses Kapitel möchte Ihnen dabei helfen und kurze Informationen zur psychischen und sozialen Entwicklung von Kindern im Kleinkindalter geben. Solche und alle anderen Informationen können aber das nicht ersetzen, was gerade im Umgang mit sehr kleinen Kindern wichtig ist – Ihr gesundes „Handeln nach dem Gefühl". Trotzdem kann es in jeder Familie Situationen geben, in denen weder das eigene Gefühl weiterhilft noch Ratschläge von außen nützen. Scheuen Sie sich dann nicht, fachliche Hilfe in Anspruch zu nehmen. Die Mitarbeiterinnen und Mitarbeiter der örtlichen Erziehungsberatungsstellen helfen Ihnen kostenlos und vertraulich. Das Jugendamt informiert Sie über die Beratungsstelle in Ihrer Nähe.

Die psychische und soziale Entwicklung in den ersten drei Lebensjahren

Kinder in den ersten drei Lebensjahren brauchen Rückhalt und Sicherheit, damit sie immer selbständiger werden. Dabei spielt Ihre emotionale Sicherheit eine entscheidende Rolle. In vielen Situationen kann es sinnvoller sein, daß Sie „aus dem Bauch heraus" handeln, als krampfhaft den neuesten pädagogischen Empfehlungen zu folgen.

Wenn Sie in der heutigen Zeit ein Kind bekommen, wurden Sie wahrscheinlich nur wenig auf die kommende Elternschaft vorbereitet. Denn allgemein herrscht die Meinung: Ein Kind erziehen – das kann doch jeder – oder? Dennoch beschäftigen sich viele Fachleute mit der kindlichen Psyche. Dabei geht es um die Entwicklung und die Bedingungen, die Kinder brauchen, um psychisch und körperlich gesund großzuwerden. Dazu erfahren Sie als Eltern fast täglich aus unterschiedlichen Quellen neue Fakten. Fast immer wird dabei Ihr elterliches Verhalten hinterfragt. Es werden zahllose Ratschläge gegeben, wie Sie mit Ihrem Kind am besten umgehen. Vielleicht stellt sich bei Ihnen angesichts dieser Informationsflut die Sehnsucht nach der „guten alten Zeit" ein. Damals wuchsen Kinder noch in Großfamilien auf. Die Erziehung fand aus dem Gefühl heraus statt, und man orientierte sich daran, wie es die Oma und die Tante mit den Kindern gemacht haben.

Ihr Kind begibt sich vertrauensvoll in Ihre Hände. Es braucht Sicherheit und Schutz, um ein stabiles Selbstwertgefühl

Der kritische Umgang mit sich selbst

zu entwickeln. Die Beziehung zwischen Kind und Elternteil zeichnet sich dadurch aus, daß das Kind wirklich Kind sein kann. Das ist möglich, weil die Eltern erwachsen sind und dementsprechend auch kritisch mit sich selbst umgehen.

Ihr Kind ist von Geburt an eine eigene Persönlichkeit: Behandeln Sie es auch so! Im familiären Alltag müssen immer wieder die unterschiedlichen Bedürfnisse der Familienmitglieder beachtet und verhandelt werden. So kommt keiner zu kurz. Dennoch ist Ihr Kind der schwächere Partner, der sich gegen mögliche Fehler nicht wehren kann. Deswegen betrachten Sie immer wieder Situationen aus der Sicht und Perspektive Ihres Kindes und handeln Sie danach. Das ist eine große und schwierige Aufgabe.

Bei jedem Konflikt oder Problem sollten Sie sich selbstkritisch folgende Fragen stellen:

 Was an dem Verhalten meines Kindes bereitet mir Schwierigkeiten und warum?

 Was will mein Kind mir mit seinem Verhalten sagen?

 Was ist mein Anteil daran, daß es gerade schwierig ist?

 Was kann ich anders machen?

 Wo kann ich mir Unterstützung oder Entlastung holen?

Wenn ein Kind in eine Paarbeziehung hineingeboren wird, fängt nur eines der drei Leben ganz von vorne an. Sie als Eltern bringen bereits eine lange Vergangenheit mit – sowohl gemeinsam Erlebtes als auch Ihre individuellen Lebenswege vor der Beziehung. Sie beide haben Vorstellungen davon, wie das Leben als Familie aussehen soll. Ihre Erfahrungen aus der eigenen Herkunftsfamilie spielen dabei eine ganz entscheidende Rolle. Vor diesem Hintergrund gibt es ausgesprochene und unausgesprochene Regeln in Ihrer Beziehung. Sie wirken sich auch direkt auf Ihr Kind aus. Selbst Eltern zu werden konfrontiert Sie vielleicht mit den eigenen Kindheitserfahrungen und Ihrem Bild von Mutter und Vater. Ihr Kind lernt in den ersten Jahren, wie Beziehungen gelebt und gestaltet werden. Das lernt es am eigenen Leib im direkten Kontakt mit Ihnen als Mutter und Vater. Aber es beobachtet auch: Wie gehen meine Eltern miteinander um? Wie lösen sie Konflikte? Wie sorgen sie füreinander? Ihr Kind lernt täglich und durch ganz kleine Hand-

Beziehungsgeflecht Familie

lungen und Reaktionen. Ebenso sind Sie plötzlich vor neue Aufgaben gestellt, da Sie eine Person zusätzlich in das familiäre Leben einbeziehen müssen. Alle Handlungen und Reaktionen innerhalb einer Familie haben direkt mit den anderen Familienmitgliedern zu tun und wirken auf alle ein.

Mit diesem Bild vor Augen sehen Sie das Verhalten Ihres Kindes vielleicht in einem neuen Licht. Es lohnt sich immer zu betrachten, wie sich Ihr Kind vor dem Hintergrund der momentanen familiären Situation verhält.

Vielleicht hilft es Ihnen, sich diese Frage zu stellen: Was drückt unser Kind gerade durch sein Verhalten aus, was wir nicht aussprechen?

Wie bei einem Mobile sind alle Familienmitglieder miteinander verbunden. Wenn sich einer bewegt, geraten alle anderen auch in Bewegung.

Was Kinder brauchen

Zunächst sollten Sie sich ganz bewußt fragen: Was wollen wir unserem Kind mitgeben? Was halten wir für wichtig im Leben? Auch sollten Sie sich mit sich selbst auseinandersetzen. Sie werden merken, daß Ihre Wünsche für Ihr Kind viel mit Ihren eigenen Wünschen und Ihren bisherigen Erfahrungen zu tun haben. Dessen sollten Sie sich als Eltern klar werden. Das ist ein wichtiger Schritt, damit Sie wirklich bei den Bedürfnissen Ihres Kindes sind, anstatt sich in erster Linie selbst zu verwirklichen. Die folgenden Stichworte helfen Ihnen vielleicht bei der Orientierung.

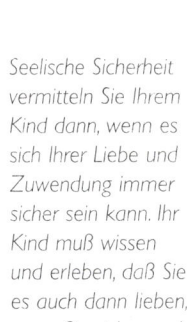

Ihr Kind ist in eine ihm völlig unbekannte Welt geboren. Es muß die Zusammenhänge erst lernen, was oft verwirrend und anstrengend ist. Von Natur aus sind Babys mit reichlich Neugierde und Wissensdurst ausgestattet. Sie haben Lust auszuprobieren und bringen gute Grundlagen mit, ihr Lernpensum zu schaffen. Dennoch sollten Sie daran denken, daß Ihr Baby auch nach Orientierung in dieser verwirrenden Welt sucht, und das braucht Mut. Den notwendigen Rückhalt können Sie Ihrem Kind unter anderem durch beständige Beziehungen und Lebensbedingungen geben. Ihr Kind entdeckt täglich viele Neuheiten. Deswegen braucht es einen Gegenpol, der ihm die Möglichkeit bietet, sich auszuruhen und auf Bekanntes zurückzugreifen. Vielleicht besteht Ihr Kind manchmal hatnäckig auf einmal gefundenen Ritualen. Sie empfinden das schon als nervende Wiederholung, aber Ihr Kind fühlt sich mit diesem Verhalten sicher. Es muß immer wieder testen, ob einmal Erkanntes auch wirklich Bestand und Gültigkeit hat. Ein Gefühl der Sicherheit ist notwendig, um selbständig den Schritt nach vorne zu wagen – in dem Wissen, jederzeit wieder in den sicheren Hafen zurückkehren zu können.

Sicherheit und Beständigkeit

Seelische Sicherheit vermitteln Sie Ihrem Kind dann, wenn es sich Ihrer Liebe und Zuwendung immer sicher sein kann. Ihr Kind muß wissen und erleben, daß Sie es auch dann lieben, wenn Sie sich gerade mit ihm streiten.

Anerkennung und Bestätigung

Ihrem Kind das Gefühl von Sicherheit zu vermitteln, ist der erste Schritt, mit dem Sie auch zur Selbstsicherheit des Kindes beitragen. Anerkennung und Bestätigung sind das Wichtigste für das Selbstwertgefühl Ihres Sprößlings. Loben Sie Ihr Kind für die Dinge, die es schon beherrscht. Bestätigen Sie es aber auch, wenn es erreichen will, was es noch nicht kann. Erkennen Sie jede noch so kleine Situation ehrlich an und heben Sie besondere Leistungen hervor. Das wird Ihnen leicht fallen, denn auf kaum etwas anderes reagieren Kinder mit soviel stolzer, strahlender Freude. Anerkennung meint auch die Bestätigung der ganzen Person Ihres Kindes und seines Daseins, unabhängig von Leistungen und Bedingungen. Nehmen Sie sich Zeit für Ihr Kind, bringen Sie den Mut zu ehrlichen Auseinandersetzungen auf, und suchen Sie ernsthaft den Kontakt zu Ihrem Kind. Damit tragen Sie dazu bei, Ihr Kind in seinem Wesen und seiner Person anzuerkennen.

Die Energie, die Ihr Kind zur Erforschung seiner Umwelt mitbringt, ist sicherlich hin und wieder eine Herausforderung für Sie. Nicht immer können Sie seinem Forscherdrang Rechnung tragen.

Freiraum und Grenzen

Sie sollten Ihr Kind als Forscher bestätigen und anerkennen. Dennoch ist es an manchen Stellen wichtig, daß Sie den Forscherdrang einschränken, damit Ihr Kind Grenzen erfährt. Es fällt ihm leichter, wenn es innerhalb eines klaren Rahmens Dinge ausprobieren kann. Diese Grenzen muß Ihr Kind natürlich erst herausfinden und dann ständig austesten. Ganz besonders hier gilt: Betrachten Sie die Situationen immer auch aus der Perspektive Ihres Kindes. Sie können dann die Beschränkung so aussprechen, daß Ihr Kind sie auch versteht. Beispiel: Ihr Kind klettert auf einen wackeligen Klappstuhl.

Zeigen Sie ihm, wie gefährlich die Situation ist, indem Sie ihm möglichst anschaulich demonstrieren, wie der Stuhl zusammenklappt. Bieten Sie ihm dann eine andere Klettermöglichkeit. So versteht Ihr Kind die Einschränkung und kann sich sein Erfolgserlebnis („Ich bin ganz alleine auf einen Stuhl geklettert!") trotzdem holen. Nur so erfüllen Grenzen ihren Sinn: Sie geben Sicherheit durch Orientierung.

Die Schwierigkeiten, die der Alltag mit einem neugierigen und wissensdurstigen Kind mit sich bringen kann, sind anschaulich beschrieben in dem Buch von Barbara Sichtermann „Vorsicht, Kind". Ein Kapitel trägt den Titel: Das Kind als Forscher und die Konflikte des Laborassistenten!

Kinder üben zu kommunizieren und lernen vor allem, indem sie Personen in ihrer Umgebung nachahmen. Sie als Eltern werden dabei dauernd beobachtet und später auch ständig hinterfragt. Wie alle Kinder möchte auch

Vorbilder

Ihr Sprößling zunächst genauso werden wie Mama oder Papa. Irgendwann grenzt es sich dann ab, um sich den eigenen Vorstellungen anzunähern. Nur wenn es unterschiedliche (Vor)Bilder davon erhalten hat, wie das Leben aussehen kann, ist es in der Lage, eine eigene stabile

Persönlichkeit zu entwickeln. Auch wenn Ihr Kind Sie über längere Zeit bis ins kleinste Detail nachahmt, ist das kein Grund zur Besorgnis. Das spricht für ein Kind, das gerade aktiv dabei ist, sich mit unterschiedlichen Modellen zu identifizieren und sich zu entwickeln. Schon früh sollten Sie deswegen dafür sorgen, daß Ihr Kind auch andere Lebensmodelle kennenlernt. Damit hat es eine Vielfalt an Vorbildern zur Verfügung. Diese Gedanken könnten beispielsweise bei der Auswahl der Paten eine Rolle spielen.

Unendlich viele Regeln und Realitäten begegnen Ihrem Kind in den ersten Jahren. Um das auszugleichen und see-

Träume

lisch gesund zu bleiben, träumen Kinder. Damit sind nicht nur die nächt-

lichen Träume im Schlaf gemeint, sondern auch Phantasien und Tagträumereien. Sowohl bei Kindern als auch bei Erwachsenen sind Träume Ventile, um Erlebtes besser zu verarbeiten. Kinder nutzen ihre Tagträume, damit sie gefahrlos ihren Bedürfnissen nachgehen können, die im Alltag nicht erfüllt werden. Im Traum gibt es keine Grenzen oder Regeln. Jeder kann alles sein und alles tun und die dazugehörigen Gefühle auskosten. Mit Ihrem Kind gemeinsam Träume erleben und gestalten – vielleicht tut es auch Ihnen gut, mal den alltäglichen Begrenzungen zu entfliehen.

Die nachfolgenden Seiten sollen einen kurzen Überblick über die Entwicklungsschritte Ihres Kindes geben. Sie vermitteln ein Basiswissen, das möglicherweise dazu beiträgt, daß Sie das Gefühl bekommen „Ich mache das gut!".

Das Baby und seine Familie in den ersten sechs Monaten

Ein Neugeborenes kann auf die Distanz von etwa 20 Zentimetern scharf sehen – ungefähr der Abstand zum Gesicht der Mutter beim Stillen!

Bereits vor der Geburt hat Ihr Kind eine wichtige Phase seines Lebens absolviert – das Leben im Mutterleib. Alle Sinne sind stimuliert worden und funktionieren. Ihr Kind kann sehen, es kann hören, schmecken, riechen – vor allem aber fühlt Ihr Baby in den ersten Wochen.

Alle Sinnesreize von außen nimmt es als Gefühl wahr und teilt es in angenehm oder unangenehm ein. Noch kann es nicht zwischen sich selbst und seiner Umwelt unterscheiden. Alle Empfindungen sind einfach vorhanden, ohne daß Ihr Kind unterscheiden kann, wodurch sie entstehen. Wenn es beispielsweise Hunger hat, fühlt sich das unangenehm an. Ihr Baby drückt dieses Gefühl aus, indem es schreit. Wenn Sie es dann hochnehmen,

fühlt sich das vermutlich angenehm an, und es hört zunächst auf zu schreien. Der Hunger ist aber immer noch da, und so wird es dieses unangenehme Gefühl bald wieder ausdrücken. Erst durch Stillen oder Füttern wird dieses Unwohlsein behoben. Dann wird es wieder Sinnesreize fühlen und spüren, ob sie sich gut anfühlen. So lange, bis Unbehaglichkeit wie zum Beispiel Kälte oder Müdigkeit dazukommen.

In erster Linie teilen Sie als Eltern sich Ihrem Kind mit Ihrer Stimme mit. Ihr Baby reagiert aber auch auf Ihre Mimik und andere Bewegungen aus seiner Umgebung. Natürlich nimmt es auch wahr, wenn Sie es berühren. Der Hautkontakt ist für die Kommunikation ganz wichtig. Streicheln und massieren Sie Ihr

Kommunikation zwischen Eltern und Baby

Wenn Sie auf der Suche danach sind, was Ihrem Kind gerade unbehaglich ist, sollten Sie sich auch selbst fragen, was in dieser Minute für Sie unangenehm ist.

Baby und schmusen Sie mit ihm. Dabei finden Sie heraus, welche Wünsche und Bedürfnisse Ihr Kind hat. Das ist eine Ihrer wichtigsten Aufgaben in den ersten Lebenswochen und nicht immer leicht. Eltern können oft treffend einschätzen, wie es Ihrem Kind gerade geht. Oft können Sie nicht erklären, woher sie nun wissen, was ihr Kind braucht. Wie Sie intrepretieren, warum Ihr Kind schreit, hat genausoviel mit Ihnen selbst zu tun wie mit der tatsächlichen Befindlichkeit Ihres Kindes.

Oft genug reagiert Ihr Baby auf eine Situation sozusagen Ihren Gefühlen entsprechend. Treffen Sie in der ersten Zeit mit Ihrem Baby Entscheidungen danach, wie Sie selbst sich in der jeweiligen Situation fühlen. Ein Beispiel: Sollen Sie mit Ihrem Neugeborenen der Einladung zu einer Feier folgen? Die Antwort hängt neben harten Fakten (Wird dort viel geraucht?) auch davon ab, ob Sie sich

dort mit Ihrem Kind wohl fühlen werden. Können Sie abschätzen, daß Sie sich während der Feier nicht wohl fühlen, wird Ihr Kind mit hoher Wahrscheinlichkeit ähnlich reagieren.

Im Laufe der ersten sechs Monate empfindet Ihr Kind immer differenzierter und teilt sich facettenreicher mit. Mit einem halben Jahr ist es körperlich meistens sehr aktiv und kann sich von der Bauchlage in die Rückenlage drehen und zurück. Es setzt die Stimme nicht mehr nur zum Schreien ein. Ihr Kind lallt, gurrt und gibt schrille Freudentöne von sich. Im Bett plappert und erzählt es vor sich hin. Seine Reaktionen auf die Eltern oder andere Bezugspersonen haben sich im Laufe der Wochen rasant entwickelt. Nach dem ersten deutlichen Lächeln zwischen der sechsten und der zehnten Woche begrüßt es Sie jetzt lachend, strampelnd und mit lauten Freudentönen. Dialoge sind möglich geworden, bei denen Ihr Kind merkt, daß es die Reaktion seines Gegenübers beeinflussen kann.

Schreien als Ausdruck von Unbehagen sollten Sie in den ersten Lebensmonaten stets ernst nehmen und immer sollten Sie darauf reagieren.

„Verwöhnen" oder schreien lassen?

Wenn Sie Ihr Kind in den ersten Monaten schreien lassen, schwächt das das Vertrauen des Kindes in seine Umwelt und in sich selbst.

Früher war man der Meinung, Kinder schreien zu lassen stärke zum Beispiel die Lungen. Heute weiß man, daß es in den ersten Monaten kaum möglich ist, Babys zu verwöhnen oder zu verzärteln – im Gegenteil. Wenn Sie in der allerersten Zeit stets antworten, wenn Ihr Kind ruft, wird es später selbständiger und selbstbewußter durch die Welt gehen.

Der 6. bis 12. Monat

Das zweite Lebenshalbjahr ist von wichtigen Veränderungen für Ihr Kind geprägt. In dieser Zeit bewegt es sich zum ersten Mal selbständig fort. Es rollt und robbt und verändert damit seine Perspektive. Dadurch wird angeregt, daß Ihr Kind mehrdimensional wahrnimmt und ein Gefühl von Eigenständigkeit bekommt. Ihr Kind kann jetzt selbst bestimmte Gegenstände erreichen und ist nicht mehr ausschließlich auf die Assistenz anderer Personen angewiesen. Im zweiten Halbjahr erwirbt Ihr Baby eine Fähigkeit, die Fachleute Objektpermanenz nennen. Bisher waren für Ihr Kind nur die Dinge vorhanden, die es gerade gesehen hat. Nun hat es verstanden, daß Dinge außerhalb seiner Wahrnehmung nicht aufgehört haben zu existieren. Es weiß, daß sie nur vorübergehend verschwinden und wieder auftauchen können. Am deutlichsten ist dieser Entwicklungsschritt zu erkennen, wenn Sie vor den Augen Ihres Kindes etwas verstecken: Es sucht danach. Die Objektpermanenz ist auch wichtig für die sozialen Beziehungen Ihres Kindes. Ihr Kind hat nun – für eine begrenzte Zeit und an einem vertrauten Ort – ein sicheres Gefühl der Existenz seiner Eltern. Dieser Zuwachs an Sicherheit und Mobilität eröffnet gänzlich neue Möglichkeiten. Zunächst wird sich Ihr Kind bei seinen Erkundungen immer wieder durch Blickkontakt rückversichern, ob es das, was es zu tun beabsichtigt, auch ohne Gefahr unternehmen kann. Später wird es dann aus eigenem Antrieb den Raum verlassen, die vertraute Person aus den Augen verlieren und sich trotzdem sicher genug fühlen, um neue und unbekannte Orte und Gegenstände zu untersuchen. Sowohl für Ihr Kind als auch für Sie ist dies eine gravierende Veränderung!

Um den achten Monat herum zeigen die meisten Kinder ein Verhalten, das Sie auch als Ausdruck dieser neuen Perspektive verstehen können: sie fremdeln. Wenn sie fremde Personen

Fremdeln

sehen, beginnen sie zu weinen und suchen Schutz – scheinbar ohne Grund. Der Begriff „fremd" schließt dabei oft auch Familienmitglieder oder gute Freunde der Familie ein – manchmal auch Personen außer Mutter und Vater. Für die Gründe dieses Verhaltens gibt es bisher nur Hypothesen. Einer von mehreren Erklärungsansätzen geht davon aus, daß Ihr Kind durch seinen Entwicklungsstand ein ganz spezielles, vorsprachliches Kommunikationsmuster mit den ihm vertrauten Personen entwickelt hat. Eine fremde Person tritt plötzlich in Kontakt mit ihm und beherrscht diese Kommunikationsform nicht. Deswegen stellt sie für Ihr Kind ein Problem dar, das es nicht lösen kann. Es reagiert mit einem „Systemzusammenbruch", weint und sucht Schutz. Oftmals ist es deshalb hilfreich, wenn Fremde zunächst Abstand halten und die Initiative des Kindes abwarten. Diese können sie dann aufgreifen und sensibel fortsetzen. Kinder fremdeln eher gegenüber Erwachsenen. Bei Kindern bleiben sie in der Regel aufgeschlossen und freundlich.

Etwa im Alter von einem Jahr nimmt Ihr Kind bei den großen Entwicklungsaufgaben Spracherwerb und Erwerb des aufrechten Ganges die ersten Hürden – es spricht einzelne Wörter und macht die ersten freien Schritte. Beides sind auch große Etappen auf dem Weg zu mehr Eigenständigkeit und schrittweiser Loslösung von den Eltern.

Will eine „fremde" Person in Kontakt mit Ihrem Kind treten, kann es sinnvoll sein, daß diese Person ein Spielzeug zur Hilfe nimmt. Vielleicht rollt Sie zwischen sich und Ihrem Kind einen Ball hin und her. Das wahrt Distanz und trotzdem kann die Person auf Ihr Kind eingehen.

Das zweite Lebensjahr

- aus dem Baby wird ein Kleinkind

Zu Beginn des zweiten Lebensjahres spielen Laufen- und Sprechenlernen immer noch eine große Rolle. Die meisten Kinder konzentrieren sich zunächst auf eine der beiden großen Aufgaben und vernachlässigen scheinbar die andere. Dies ist in den meisten Fällen kein Grund zur Sorge. Warum manche Kinder schon früh sprechen, aber spät laufen und umgekehrt, mag daran liegen, daß eben jedes Kind ganz spezifische Anlagen, Vorlieben und Talente mitbringt. Dennoch sollten Sie den Einfluß des sozialen Umfeldes nicht unterschätzen. Welche Vorlieben Ihr Kind entwickelt, hängt immer auch davon ab, wie Sie als Eltern im ersten Jahr mit Ihrem Kind kommuniziert haben. Haben Sie es oft verbal angesprochen und viel Zeit damit verbracht, sich mit Ihrem Kind zu „unterhalten" oder lief die Kontaktaufnahme eher über gemeinsames Toben und körperliche Aktivitäten? Auch Ihr Lebensstil und Ihr Umgang miteinander spielt hierbei eine Rolle. Alle Eltern haben innere Bilder und Vorstellungen davon, wie der Umgang mit dem eigenen Kind in den nächsten Jahren aussehen wird. Ihre (nicht immer bewußten) Wünsche kommen im Umgang und bei der Wahl des „Kommunikationskanals" zum Tragen. Deswegen entscheidet sich Ihr Kind sicherlich auch aufgrund der Art, wie Sie mit ihm umgehen, als erstes fürs Laufen oder Sprechen. Dabei kann es bei Geschwistern durchaus gravierende Unterschiede geben, obwohl beide Kinder in der gleichen Familie aufwachsen. Eltern verbinden mit jedem Kind unterschiedliche Erwartungen und behandeln es auch anders. Der Wunsch, mit allen Kindern gleich umzugehen, ist meistens eine Illusion.

Im Alter zwischen 18 und 24 Monaten können Sie bei Ihrem Kind gravierende Veränderungen beobachten. Entwick-

Mit eineinhalb Jahren verändert sich vieles

lungspsychologen sehen diese Zeit als wichtige Umbruchzeit an. Bei den meisten Kindern ist die Sprache jetzt so weit entwickelt, daß sie sich verbal verständlich machen können. Die sogenannte vorsprachliche Phase mit ganz unterschiedlichen Kommunikationsformen wird langsam abgelöst durch echte Dialoge und sprachliche Verständigung. Ganz aktuell und wichtig in diesem Alter: Ihr Kind spielt mit fiktiven Gegenständen oder Handlungen. Die Situation, daß Ihr Kind Ihnen einen nicht vorhandenen Gegenstand reicht oder zum Schein aus der Kaffeetasse trinkt, wird immer häufiger. Das Vorstellungsvermögen ist so weit vorangeschritten, daß Ihr Kind sich einen Handlungsablauf in der Theorie vorstellen kann, die eigenen Handlungen entsprechend plant und dann das Ergebnis mit der Vorstellung vergleicht. Im Alltag besteht Ihr Kind bei routinemäßig wiederkehrenden Handlungen immer häufiger darauf, sie selbst zu machen.

Die zunehmende Selbständigkeit stützt sich auch auf das stärker ausgeprägte Zeitgefühl Ihres Kindes. Es weiß bereits so viel über die zeitlichen Zusammenhänge der Dinge, daß es auf die unmittelbare Zukunft schließen kann. Es weiß beispielsweise, daß bald jemand zum Telefon gehen wird, wenn es klingelt. Es weiß, was „jetzt" und „bald" bedeuten und hat ein Gefühl für Vergangenheit. An manche Dinge, die am Tag zuvor geschehen sind, kann es sich gut erinnern.

Zeitgefühl

Dadurch fühlt es sich nicht mehr so sehr bedroht, wenn Sie seine Wünsche nicht sofort erfüllen – Ihr Kind lernt ganz allmählich zu warten.

Ein ganz wichtiger Entwicklungsschritt ist die sogenannte „psychische Geburt". Ihr Kind beginnt, sich der eigenen Person bewußt zu werden. Bisher hat es sich beim Blick in den Spiegel über das „andere" Kind gefreut. Es hat nicht wahrgenommen, daß es sich dabei um die eigene Person handelt. Auch wenn Ihr Kind bisher seinen eigenen Körper beobachtet und betastet hat, schloß es nicht daraus, daß sein Erleben und Fühlen innerhalb dieses Körpers stattfindet und es damit den anderen Menschen ähnlich ist. Dieses Bewußtsein ist die Voraussetzung für Empathie, für echtes Mitgefühl. Ihr Kind reagiert jetzt auf Mißgeschicke anderer Personen nicht mehr nur, indem es sich von dem Gefühl anstecken läßt und möglicherweise mitweint. Es bemüht sich, dem anderen hilfreich zu sein und ihn zu trösten.

Die „psychische Geburt"

Putzen Sie Ihrem Kind die Nase, wenn Sie mit ihm vor dem Spiegel stehen. Dabei tupfen Sie ihm unauffällig mit Creme einen Punkt auf die Nase. Ein Kind, das verstanden hat, daß das Kind im Spiegel mit der eigenen Person identisch ist, wird die eigene Nase betasten oder versuchen, den Klecks wegzuwischen. Dadurch sehen Sie, ob Ihr Kind sich bereits seiner selbst und seines Körpers bewußt ist.

Ihr Kind wird zunehmend mobil, seine intellektuellen Fähigkeiten wachsen und es stellt Beziehungen auf die Probe. Das verändert Ihre Rolle als Eltern stark. Ihnen stellt sich insbesondere die Frage, wie Sie mit den Grenzen umgehen sollen. Nicht immer ist die Antwort ganz eindeutig. Wenn sich Kinder durch ihren Entdeckungsdrang in Gefahr bringen, lassen sich Verbote einfach nicht vermeiden. Themen wie Ordnung, Essen, Sauberkeit und Umgang mit anderen lassen da schon mehr Spielraum zu – und erfordern wieder einmal eine Auseinandersetzung mit sich selbst und den eigenen Werten. Grundsätzlich ist es hilfreich, wenn Sie sich vor einem jeweiligen Verbot klarmachen, wie wichtig es Ihnen ist, daß Ihr Kind diese Regel tatsächlich einhält. Erst wenn Sie sich in wiederkehrenden Situationen konsequent gleich verhalten, machen Sie eine Regel wirklich zur Regel.

Grenzen setzen durch Strafe?

Dennoch sollte Ihr Kind erleben, daß Regeln durchlässig sein können und daß Sie als Eltern keine unbeugsamen Machthaber sind. Es sollte erfahren, daß seine Meinung und seine Bedürfnisse wichtig sind. Das kann unter Umständen auch dazu führen, daß Regeln geändert werden. Nur so fühlt sich Ihr Kind ernstgenommen. In solchen Situationen sollten Sie wiederum berücksichtigen, daß die Erwachsenen die Mächtigen sind, aber ihre Macht nicht ausnutzen dürfen. Wenn der Stärkere seine Macht ausübt, bedeutet das für den Schwächeren fast immer mehr Widerstand und Angst. Dementsprechend sind Strafen nur selten ein Mittel, mit dem Sie ein erwünschtes Verhalten erzielen. Sollte Ihr Kind dann tatsächlich wunschgemäß reagieren, können Sie das meistens nur auf Angst vor der Strafe zurückführen.

Die bessere Methode (statt Strafe) ist, was Psychologen „Verstärkung" nennen: Wer ein bestimmtes Verhalten erreichen möchte, braucht sein Kind nur an der richtigen Stelle zu loben!

Eigentlich ist das Sauberwerden ein Thema, das sich auch ohne Ihr Zutun ganz von selbst erledigen würde. Trotzdem legen viele Eltern gerade hier großen Ehrgeiz an den Tag. Vergleiche mit anderen Kindern werden ganz wichtig.

Sauberkeitserziehung

Nirgends wird so viel geflunkert wie bei der Frage, wann das Kind erfolgreich die Toilette benutzt. Sinnvoll ist eine systematische Sauberkeitserziehung ohnehin erst gegen Ende des zweiten Lebensjahres – erst dann kann Ihr Kind seine Schließmuskeln bewußt kontrollieren. Notwendig ist sie aber auch zu diesem Zeitpunkt noch nicht. Geben Sie Ihrem Kind mit innerer Ruhe Zeit, bis es drei Jahre alt ist. Dann werden Sie höchstwahrscheinlich erleben, daß es diesen Teil der Erziehung quasi selbst erledigt. Jeglicher Druck beim Gang zur Toilette erhöht nur die Wahrscheinlichkeit, daß dieses Thema zum Machtkampf wird. Was seine Ausscheidungen betrifft, sitzt Ihr Kind immer am längeren Hebel. Den wird es bei einem Machtkampf auch einsetzen. Der bessere Weg ist hier, auf die Fähigkeiten Ihres Kindes zu vertrauen und abzuwarten.

Kontakte zu etwa Gleichaltrigen sind in jedem Alter wichtig. Gerade im zweiten Lebensjahr werden diese Kontakte noch bedeutender. Auf dem Spielplatz oder wenn Sie andere Kinder besuchen, stellen Sie fest, daß die Kinder jetzt nicht mehr nur nebeneinander herspielen. Sie beziehen sich in Ihren Handlungen und mit Worten immer öfter aufeinander. Besonders auffällig sind dabei die häufigen Auseinandersetzungen. Zunächst sind diese Zusammenstöße eher zufällig: Die Kinder untersuchen oder betasten sich allzu ungestüm, rempeln sich an und kommen sich beim Spielen in die Quere, weil sie die Folgen ihres Handelns noch nicht einschätzen können. Mit der Zeit haben solche Streitereien aber System und werden häufiger. Oft manifestieren sich Auseinandersetzungen als Streit ums Spielzeug.

Kinder unter sich

Die Kinder nehmen sich gegenseitig Gegenstände weg, um Reaktionen zu testen, Überlegenheit zu empfinden – häufig allerdings auch, weil sie auf diese Art reichlich Aufmerksamkeit von den anwesenden Eltern bekommen. Nicht selten hören solche Handlungen fast völlig auf, wenn die Kinder außer Sichtweite spielen. Für alle Beteiligten sind die Auseinandersetzungen anstrengend. Trotzdem erhält Ihr Kind durch den Kontakt zu Gleichaltrigen einen wichtigen Raum. Darin kann es sich und seine Fähigkeit einschätzen und messen.

Wahrscheinlich kennen Sie die Situation: Ihr Kind kann es offenbar nicht ertragen, wenn andere Kinder mit seinem Spielzeug spielen. Kaum interessiert sich ein anderes Kind für den Ball, will es sofort selbst damit spielen. Das ist unter anderem damit zu erklären, daß Ihr Kind in dieser Phase seiner Entwicklung Gegenstände, die ihm gehören oder mit denen es gespielt hat, noch wie einen Teil des eigenen Körpers wahrnimmt und deshalb nicht hergeben kann.

Das dritte Lebensjahr

„Nein" und „Doch"

Zwischen dem zweiten und dritten Geburtstag lernt Ihr Kind alle Fähigkeiten, um mit drei Jahren das sogenannte Kleinkindalter zu beenden. Es geht ins Vorschulalter über. Die Begriffe machen es deutlich: Ab drei Jahren steht das kognitive, also verstandesmäßige Lernen immer mehr im Vordergrund. Bis dahin hat das Kind einen inneren Plan von seiner Welt erworben und teilt die meisten Dinge und Ereignisse des Alltags in Kategorien ein. Es orientiert sich in der Welt, und neue Informationen werfen es nicht mehr so leicht aus der Bahn.

Sexualität wird bei Kindern nicht erst mit der Pubertät aktuell. Von Anfang an ist Ihr Kind ein sexuelles Wesen, das auch „kindliche Orgasmen" erleben kann. Im ersten Lebens-jahr beginnen viele Babys, mit ihren Geschlechtsteilen zu spielen und lernen, sich aktiv Lust zu verschaffen. Immer gezielter reiben oder streicheln sie ihre Geschlechtsorgane bis zur entspannten Erschöpfung. Diese Erlebnisse sind für Kinder völlig selbstverständlich und tabulos.

Kindersexualität

Selbstbefriedigung bei Kleinkindern ist ein Zeichen gesunder und unbefange-ner Entwicklung.

Neben dem eigenen Körper interessiert sich Ihr Kind im dritten Lebensjahr für die Körper der anderen – Erwachsene wie Kinder. Sie sollten ihm oft Gelegen-heit geben, seine Eltern nackt zu sehen. Darüber kann ein Gespräch entstehen. Beantworten Sie nicht nur die Fragen Ihres Kindes, sondern fra-gen Sie auch nach, welche Vorstellungen sich Ihr Kind macht. Mit Gleichaltrigen spielt Ihr Kind allmählich „Doktor". Bei den sogenannten Doktorspielen erfor-schen sich die Kinder gegenseitig sehr genau. Dafür sollen sie sich ungestört zurückziehen können. Keine Angst: Gleichaltrige zwingen sich in der Regel nicht zu sexuellen Handlungen. Um spä-ter Sexualität lustvoll erleben zu können, ist es wichtig, daß Kinder reichlich Gele-genheit erhalten, den eigenen Körper und den Körper anderer auf vielfältige Weise kennenzulernen.

Schränken Sie Ihr Kind nicht durch Ver-bote, Unsicherheit, Schamgefühle oder abwertende Äuße-rungen beim Ausle-ben seiner sexuellen Gefühle ein. Je mehr Freiheiten Ihr Kind hier erlebt, um so positiver wird es sei-nen Körper und seine Sexualität empfinden.

Die meisten Erwach-senen haben erste Kindheitserinnerun-gen aus dem dritten oder vierten Lebens-jahr. Um Erinnerun-gen abrufbar spei-chern zu können, ist ein bestimmtes Sprachniveau not-wendig. Erinnerun-gen aus der vor-sprachlichen Zeit sind zwar in der Regel auch vorhan-den, aber (zumin-dest sprachlich) nicht abrufbar.

Die sprachliche Entwicklung Ihres Kindes ist gerade im zweiten und dritten Lebens-jahr die auffällig-ste Veränderung. An ihr können Sie die Fortschritte Ihres Kindes im Denken erkennen. Ihr Kind benennt sich im Laufe des dritten Lebensjahres nicht mehr mit dem Vorna-men, sondern lernt die Bedeutung des Wortes „ich" kennen. Das ist einer der wichtigsten Schritte. Er läßt den Rück-schluß zu, daß Ihr Kind jetzt die inneren Prozesse als einen Teil seiner selbst erlebt. Doch die Sprache ist nicht nur Indikator für die Denkprozesse – sie beeinflußt sie auch! Der fortschreitende Spracherwerb regt die Denkfähigkeit an

Denken durch Sprache

und hilft Ihrem Kind, Kategorien zu bil-den und sich Ordnungen zu schaffen. Wenn zwei Gegenstände im Namen eine Gemeinsamkeit haben, sucht Ihr Kind auch nach anderen Gemeinsamkeiten, die es vorher möglicherweise übersehen hat. Ebenso achtet es besonders auf Unter-schiede, wenn sich Dinge im Namen stark unterscheiden. Gemeinsamkeiten und Unterschiede zu beachten hilft Ihrem Kind, etwas Neues einzuordnen, es ken-nenzulernen und sich später daran zu erinnern. Im dritten und vierten Lebens-jahr entwickelt sich, eng an die Sprach-entwicklung geknüpft, seine Fähigkeit, Erinnerungen zu speichern.

Erwachsene konstruieren eine innere Ordnung, um mit der täglichen Fülle an Information umzugehen. Mit dieser Methode orientieren sie sich. Ohne daß es ihnen bewußt ist, fassen Erwachsene die Informationen zu kleineren, themati-

Die „Warum-Phase"

schen oder handlungsgebundenen Gruppen zusammen. Damit können sie leichter auf diese Informationen zugreifen. Hätten sie noch das unbefangene Wesen eines Kleinkindes, würden sie sich diese Aufgabe durch permanentes Nachfragen erleichtern. Ein Kind, das seine Eltern mit der ständigen Frage „Warum?" löchert, ist auf der Suche nach Orientierung. Oft kann man erleben, daß jede Antwort ein erneutes „Warum?" nach sich zieht. Das zeigt, daß die bisherigen Antworten noch nicht ausreichend waren, um den Auslöser der Frage-Serie in eine bereits vorhandene Kategorie einzuordnen. Manchmal kann

das ständige „Warum?" aber auch ein „Spiel mit den Grenzen" sein. Um das zu unterscheiden, versetzen Sie sich auch hier in die Situation Ihres Kindes. Es fällt Ihnen so möglicherweise leichter, die Fragen zu beantworten und die Antwort zu finden, die in das System Ihres Kindes paßt.

Je mehr sich Ihr Kind sein eigenes Bild von der Welt macht, um so stärker spürt es, wie es in Konflikt kommt mit sich selbst oder den

Ambivalenzen
– sich hin- und hergerissen fühlen

Bildern und Wünschen anderer. Es ist daher typisch für Kinder in diesem Alter, daß sie unter der „Qual der Wahl" leiden. Sie erfahren, daß sie als eigenständige Persönlichkeit Entscheidungen treffen können. Oft können sie aber noch nicht überblicken, daß diese Entscheidungen auch Folgen haben. Der Entschluß, jetzt Dreirad zu fahren, schließt die Möglichkeit aus, gleichzeitig Ball zu spielen. Solche Situationen erlebt Ihr Kind nun oft und ist daher fast ständig angespannt, unruhig und unsicher. Diese Gefühle drückt Ihr Kind aus, indem es sich, von außen betrachtet, destruktiv und planlos verhält. Damit zeigt es jedoch nur, wie es mit der Entscheidung kämpft. Gefühlsmäßig fährt Ihr Kind in dieser Zeit Achterbahn: Es schwankt in seinen Empfindungen zwischen den Extremen.

Mal fühlt es sich groß und mächtig, dann wieder klein und schwach. Durch all diese Turbulenzen ist das Kind in dieser Entwicklungsphase alles andere als flexibel. Es besteht mit fast zwanghafter Pedanz darauf, daß im Alltag alles seinen bestimmten Platz behält und bestimmte Reihenfolgen eingehalten werden. Es hat außerdem Schwierigkeiten, von einer Beschäftigung umzuschalten auf eine andere. Das führt vielleicht dazu, daß sich einfache Anforderungen, wie zum Beispiel der Aufbruch zum Einkaufen, durch zeitraubende Verzögerungstaktiken Ihres Kindes unendlich in die Länge ziehen. Deshalb ist es häufig ein Kampf, wenn Ihr Kind ins Bett gehen soll. Ihr Kind steht zwischen zwei Wünschen: Es möchte sowohl an der Welt der Erwachsenen teilnehmen als auch seinem Bedürfnis nach Ruhe und Schlaf nachgeben. Also verzögert es den Zeitpunkt der Entscheidung durch alle möglichen Ablenkungsmanöver.

Die Fähigkeit, sich in andere hinein-
versetzen zu können, ist die Voraussetzung für das Entstehen der „psychischen Instanz" Gewissen. Viele Eltern sind

Gewissen und moralische Grundsätze

Werden Sie oder die anderen Eltern bei einem Konflikt von den Kindern zu Hilfe gerufen, sollten Sie auch Stellung dazu beziehen. Dann ist es wichtig, den Kindern zu sagen: Türme zu zerstören ist nicht in Ordnung!

unsicher, wie stark sie regelnd eingreifen sollen, wenn Ihr Kind mit anderen Men-schen umgeht. Gerade unter Gleichaltri-gen herrschen oft Umgangsformen, die Sie als Erwachsener mit Ihren morali-schen Grundsätzen nicht gutheißen kön-nen und wollen. Mutwillig zerstört ein Kind die Bauwerke des anderen und wendet alle Formen der körperlichen Gewalt an. Kratzen, Beißen und Schlagen sind (bis zu einer gewissen Grenze) altersgemäße Verhaltensweisen, mit denen Ihr Kind ausprobiert, wie sein Gegenüber reagiert. Wie fühlt sich der Andere, wenn der gebaute Turm zerstört wird oder wie fühlt sich das Kind, wenn der eigene Turm umgestoßen wird? Diese Frage stellen sich Kinder in diesem Alter erst, wenn sie das Bauwerk bereits umgeworfen haben. Kleine Auseinandersetzungen nutzen

allen beteiligten Kindern. Das eine lernt nach und nach, mit dem anderen mitzu-fühlen und ihn nicht mehr mutwillig zu ärgern. Das andere erfährt, wie man Frustrationen erträgt. Sie dürfen solche Situationen bis zu einer gewissen Grenze ruhig zulassen. Wenn Sie Ihr Kind für sein unsoziales Verhalten sofort bestrafen, unterläßt es in Zukunft dieses Verhalten nur aus Angst vor der Strafe. Es erhält nicht die Gelegenheit, ein auf ehrliches Mitgefühl begründetes Gewissen zu ent-wickeln. Natürlich sollten Sie körperliche Auseinandersetzungen im Auge behalten, damit sich die Kinder nicht verletzen. Auch wenn Ihr Kind pausenlos auf diese Art Kontakt aufnimmt, sollten Sie ein-schreiten. Außerdem sollten Sie – gemeinsam mit anderen Eltern – darauf achten, daß Ihre Kinder nicht die „Geset-ze des Dschungels" etablieren. Nur der setzt sich durch, der stärker draufhaut – zu dieser Erkenntnis dürfen Kinder nicht kommen.

Irgendwann im dritten Lebensjahr sind viele Eltern der Verzweiflung nahe und erkennen ihr Kind nicht wieder. Vielleicht weigert sich auch Ihr Kind, den einfachsten Aufforderungen und Wünschen nachzukommen, reagiert nicht mehr auf Rufen und gerät aus geringstem Anlaß in ausufernde und zerstörerische Wut. Es ist dann in seinen Handlungen nicht mehr berechenbar, da es innerhalb kurzer Zeit völlig gegensätzliches Verhalten zeigt. Es will beispielsweise getröstet werden, gerät dann aber in

Trotzphase – die „kleine Pubertät"

Wut, wenn Sie sich seiner annehmen. An diesen Stellen wird der innere Konflikt Ihres Kindes sichtbar. Diese entwicklungspsychologische Übergangsphase ähnelt in gewisser Weise der Pubertät im Jugendlichenalter – es geht um Abgrenzung von den Eltern und Entwicklung der eigenen Persönlichkeit. Bisher hat sich Ihr Kind in seinen Handlungen und Einstellungen an seinen Eltern orientiert. Es hat sie sogar für einen Teil seiner eigenen Person gehalten. Plötzlich wird ihm klar, daß es eine eigenständige Persönlichkeit ist und sein Handeln selbst verursacht. Es beginnt daher, mit dieser neu gewonnenen Erkenntnis zu experimentieren. Dadurch lernt Ihr Kind, die Folgen des eigenen Handelns einzuschätzen und verantwortungsvoll damit umzugehen. Doch bis dahin ist es ein weiter Weg – jetzt fühlt es sich noch an vielen Stellen überfordert.

Widerstände und trotzige Reaktionen beinhalten in diesem Alter immer die Botschaft: „Ich bin ich, und du bist du, deshalb will ich etwas anderes als du!"

Ihr Kind verweigert trotzig fast alles und bestimmt damit zunehmend den Alltag. Immer öfter gipfelt sein Verhalten in Wutausbrüchen, in denen Sie Ihr Kind nicht mehr erreichen – so sehr hat es sich in seine Wut „eingehüllt". Zu diesen Szenen führt, daß Ihr Kind nicht flexibel ist und Situationen nicht planen kann. Ihr Kind ist mit etwas beschäftigt und versucht, ein gedachtes Ziel zu erreichen. Wird es durch die Umstände oder durch Ihr Einschreiten daran gehindert, dann ist es nicht in der Lage, sich einen anderen Weg als den gedachten vorzustellen. Es kann auch keine Alternativvorschläge annehmen. Der Wutanfall ist, wie bereits beim „Fremdeln" beschrieben, ein Systemzusammenbruch – Ihr Kind weiß absolut nicht mehr, wie es sich jetzt verhalten könnte. Je mehr es sich in seiner neuen Situation ausprobiert hat, um so unwichtiger wird das Trotzen. Auch die Sprachentwicklung trägt zu einem stabileren Gleichgewicht Ihres Kindes bei: Je besser es sich ausdrücken kann, desto genauer kann es seine Bedürfnisse vermitteln. Gleichzeitig bedeutet ein höheres Sprachniveau, daß das Denken Ihres Kindes differenzierter wird. Das ermöglicht ihm mehr Flexibilität.

Indem es entdeckt, daß es eine eigene Person ist, wird Ihrem Kind bewußt, daß andere Menschen ihm ähnlich sind. Bisher hat es nur bestimmte Handlungen des anderen wahrgenommen und eventuell imitiert. Jetzt erlebt es andere Menschen – ebenso wie sich selbst – als ganze Personen. Dadurch wird als neue Form des Spielens das Rollenspiel möglich. Erst jetzt, da Ihrem Kind der Unterschied zwischen „ich" und „du" deutlich ist, kann es in die Rollen anderer Personen schlüpfen und sich mit ihnen identifizieren. Insbesondere Personen, die Ihr Kind im Alltag erlebt, spielt es im Rollenspiel nach. Dabei betrachtet Ihr Kind das Verhalten dieser

Neues Spielen:
Rollenspiele

Personen aus einem anderen Blickwinkel. In seiner Rolle als Vater, Mutter oder Kind begreift es Regeln ganz neu. Außerdem nimmt Ihr Kind sich selbst gegenüber verschiedene Betrachtungspositionen ein und beschäftigt sich so mit der eigenen Person.

Wenn Sie Ihr Kind in seinen Rollenspielen genau beobachten, erhalten Sie wichtige Informationen darüber, wie es sich im Zusammenleben mit anderen Menschen erlebt. So, wie es im Rollenspiel seine Puppe behandelt, sieht es das Verhalten seiner Eltern ihm gegenüber.

Vielleicht nehmen Sie sich vor, Ihr Kind nicht durch Erziehung in die entsprechende Geschlechtsrolle zu drängen. Bereits in den ersten Monaten merken Sie, daß das in manchen Situationen nicht leicht ist. Studien zeigen zum Beispiel, daß Jungen häufiger auf den Arm genommen werden und daß sie länger die Brust bekommen als Mädchen. Oft erhält auch der Penis bei sexuellen Entdeckungsreisen kleiner Kinder größere Aufmerksamkeit als die Scheide. Beobachten Sie sich selbst: Wie ist Ihr Erziehungsverhalten? Verfolgen Sie einen geschlechtsspezifischen Erziehungsstil? Schon im Babyalter haben fast alle Eltern bestimmte Vorstellungen davon, wie Jungen und Mädchen sich voneinander unterscheiden sollen. Sie möchten gerne, daß ein Mädchen im Kinderwagen auch als ein solches erkannt wird. Sicherlich werden Sie merken, daß es in einer Umwelt, die durch männliche und weibliche Zuschreibungen geprägt ist, keine geschlechtsneutrale Erziehung geben kann. Über die Teilnahme am öffentlichen und privaten Leben orientiert sich Ihr Kind an den gängigen Normen und übernimmt sie. Es erlebt, daß Hausarbeit meistens von Frauen erledigt wird und daß die Männer in der Regel aus dem Haus gehen, um zu arbeiten. Das sieht Ihr Kind, auch wenn das in Ihrer Familie vielleicht nicht so ist. Sobald sich Ihr Kind über die eigene Geschlechtszugehörigkeit im klaren ist, verhält es sich dem Vorbild entsprechend und orientiert sich dabei an der Mehrheit.

Mädchen und Jungen

In den ersten drei Jahren erwirbt Ihr Kind die wichtigsten Fähigkeiten seines Lebens. Damit ist zunächst der Alltag zu Hause gemeint: Ihr Kind ißt völlig allein, es kann sich aus- und (mit etwas Hilfe) anziehen, es kann sich waschen und kämmen und hilft bei kleineren Aufgaben im Haushalt. Darüber hinaus hat das Kind die Grundregeln des menschlichen Zusammenlebens verstanden. Es weiß, wie es sich verhalten muß, wenn es eine bestimmte Reaktion erreichen will. Damit kann es aktiv Beziehungen gestalten. Mit dem Eintritt in den Kindergarten setzt es diese Fähigkeit immer mehr außerhalb der Familie ein und lernt ständig dazu. Auch in dieser kommenden Phase braucht es den Rückhalt und die Sicherheit seiner Familie, um sich mit Kraft und Mut den neuen Aufgaben zu stellen.

Wundern Sie sich nicht, wenn Ihre Tochter plötzlich nur noch Kleider tragen und mit Puppen spielen will oder Ihr Sohn alle Automarken kennt und am liebsten mit Werkzeug hantiert. In diesem Alter glauben Kinder noch, ein Mädchen sei deshalb ein Mädchen, weil es Kleider trägt und lange Haare hat. Es gibt ihnen Sicherheit bezüglich des eigenen Platzes im sozialen Gefüge, wenn sie sich hier anpassen. Erst im Laufe der Jahre lernen sie, die Begriffe Weiblichkeit und Männlichkeit auch anders zu füllen.

Spielen ist für Ihr Baby fast genauso wichtig wie essen, schlafen und atmen. Über das Spiel nimmt Ihr Kind seine Umwelt wahr und versucht, sie zu begreifen.
Das Bedürfnis, die Welt spielend zu erfahren, kommt von Ihrem Baby selbst. Ihre Initiative als Eltern ist dabei erst einmal gar nicht nötig. Sie können Ihr Kind aber dazu anregen – und das ist äußerst wichtig.
Bereits Ihr wenige Wochen altes Baby ist neugierig. Jeder Gegenstand kann zu seinem Spiel oder Spielzeug werden. Im Spiel werden Kreativität, Selbstvertrauen und Selbständigkeit gefördert. Spielen führt zu sozialen Kontakten und zur Interaktion – damit lernt Ihr Kind.

Spiele und Spielereien

Die Spiele auf den folgenden Seiten sind grob nach Alter und somit nach den Entwicklungsstufen Ihres Kindes geordnet.
Ihr Kind entwickelt sich individuell und hat seine ihm eigenen Bedürfnisse. Es zeigt Ihnen ganz von selbst, wann es bereit ist, neue Spiele zu entdecken und auszuprobieren. Lassen Sie sich von Ihrem Kind leiten.

Von Geburt an greift, schmeckt und hört Ihr Baby. Es erfährt seine Sinne. Es sieht oder riecht und erhält auf diese Weise einen ersten Eindruck von der Welt um sich herum. Sie können Ihrem Baby mit ganz einfachen Mitteln eine Vielfalt von Sinneseindrücken ermöglichen.

Anregung der Sinne

Lassen Sie Ihr Baby

- verschiedene Materialien fühlen: weichen Samt, rauhe Wolle, leichte Federn. Wenn es greifen kann, machen Sie ihm eine Kette aus unterschiedlich großen Knöpfen. Oder füllen Sie kleine Stoffsäckchen mit unterschiedlichen Materialien wie Reis, Bohnen oder Glasmurmeln. Die Säckchen müssen gut vernäht sein, damit nichts herausgeholt und z.B. in den Mund gesteckt werden kann.

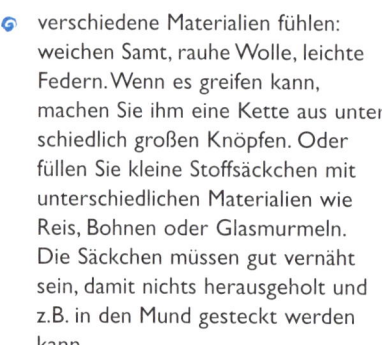

- verschiedene Düfte riechen: Blumen, Orangen, Kräuter.

- verschiedene bunte Gegenstände betrachten: ein Mobile, das sich bewegt, bunte Bilder an der Wand oder unter der Zimmerdecke. Mobiles können Sie sehr einfach selbst basteln: Befestigen Sie bunte Tücher, Luftballons oder Federn und Glöckchen mit Bindfäden an einem Ast oder einem Kleiderbügel.

- unterschiedliche Geräusche hören: Musik, Gesang, Vogelgezwitscher.

Die Haut ist in den ersten Wochen das wichtigste Organ Ihres Babys. Mit ihr nimmt es seine Umwelt wahr. Ihr

Streichelmassagen und Reime

Baby genießt es, wenn Sie es mit den Händen, einem Pinsel oder einer Feder am ganzen Körper streicheln.

Einfache Rhythmen, Reime und Lieder wirken beruhigend auf Ihr Baby, wenn sie eine Massage begleiten. Im Literaturverzeichnis finden Sie viele Bücher mit klassischen Versen für Finger- und Kniereiterspiele sowie Heilsprüche.

Papier ist ein Spielmaterial, welches die Sinne von Kindern auf ganz unterschiedliche Weise anregt.
Es macht Geräusche, läßt sich zerreißen und fühlt sich immer wieder

Papierspiele

unterschiedlich an. Zum Spielen eignen sich Toilettenpapier, Butterbrotpapier, Bierdeckel oder auch Tapete. Von Zeitung ist wegen der Druckerschwärze abzuraten.
Aus einem großen Karton (z.B. aus einem Möbelgeschäft) läßt sich schnell ein kleines Haus bauen, indem man den Karton umdreht und mit einem Messer Tür und Fenster reinschneidet. Das Haus ist ideal zum Versteckspielen, und Kinder lieben es, Türen und Fenster zu öffnen.

Wenn ein Kind anfängt, Daumen und Zeigefinger zusammenzubringen, beginnt es, sich für alle möglichen kleinen Dinge wie Krümel, Fussel oder Schnipsel zu interessieren.

Erste Geschicklichkeitsspiele

Sie können mit ganz einfachen Gegenständen aus dem Haushalt Ihrem Kind die Möglichkeit geben, Konzentration und Fingerfertigkeit zu entfalten. Schachteln eignen sich für erste Steckspiele. Schneiden Sie in die Deckel unterschiedlich große Kreise oder andere Formen. Jetzt kann Ihr Kind versuchen, verschiedene Gegenstände, wie z.B. Korken, Nudeln oder Wäscheklammern, in die Öffnungen zu stecken.

Spielideen für Ein- bis Dreijährige

Damit sind Spiele gemeint, die die Sinne des Kindes, – insbesondere den Tastsinn – herausfordern.

Erfahrungsspiele

Bieten Sie Ihrem Kind Knete oder Salzteig an (2 Teile Mehl, 1 Teil Salz, ein wenig Öl und Wasser nach Bedarf). Den Salzteig können Sie selbst färben, indem Sie flüssige Speisefarbe in das Wasser mischen. Es geht nicht darum, kleine Kunstwerke zu produzieren, denn damit wäre das Kind überfordert. Allein das Drücken, Ziehen und Rollen des Teiges ist wichtig. Salzteig läßt sich einfach herstellen und in einem geschlossenen Gefäß im Kühlschrank aufbewahren. Sand ist ebenfalls äußerst faszinierend für Kinder. Es macht Spaß, den Sand durch die Finger rieseln zu lassen, barfuß durch den Sand zu laufen oder Eimer und Formen mit Sand zu füllen und wieder auszuleeren. Mit nassem Sand läßt sich wunderbar matschen, Kuchen backen oder Tunnel bauen.

Nimmt die Geschicklichkeit Ihres Kindes zu, hat es große Freude an Bausteinen, mit

Geschicklichkeitsspiele

denen es seine ersten Türme baut. Vielleicht hat Ihr Kind auch Lust, Holzperlen auf Schnürsenkeln aufzureihen. Das übt die Geschicklichkeit, und es macht Kindern Spaß, zum Schluß eine Kette zu haben, die sie sich umhängen können.

Auch frisch geschnittenes Gras und Laub sind schöne Spielmittel, die außer dem Tastsinn den Geruchssinn des Kindes herausfordern. Kindern macht es viel Spaß, Gras oder Laub zu sammeln, um sie dann wieder in einer wilden Schlacht zu verteilen.

Bälle sind in ihrer Vielfaltigkeit faszinierend für Kinder. Sie lassen sich rollen,

Ballspiele

schießen oder werfen. Je sicherer Kinder in ihrer Motorik werden, um so mehr Möglichkeiten haben sie, mit Bällen zu spielen. Ein Kind kann sich mit einem Ball gut für eine Weile alleine beschäftigen, ohne auf Erwachsene oder andere Kinder angewiesen zu sein.

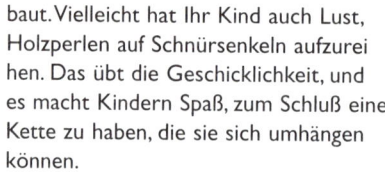

Malen

Kinder finden großen Gefallen am Malen. Es ist faszinierend für sie, mit einem Stift etwas Sichtbares auf einem Blatt Papier zu kreieren. Es dauert sehr lange, bis aus dem ersten Gekritzel Gegenstände erkennbar werden. Wichtig in den ersten Lebensjahren ist, daß die Kinder Freude am eigentlichen Malvorgang haben und sehr stolz auf ihre Kunstwerke sind. Sie üben beim Kritzeln ganz automatisch ihre Feinmotorik, und mit der Zeit werden ihre Handbewegungen sicherer und gezielter.

Für die ersten Malversuche Ihres Kindes reicht Altpapier völlig aus. Ideal sind anfangs Kreide oder Wachsmalstifte. Lassen Sie Ihr Kind jedoch beim Malen möglichst nicht alleine, da es sonst die Stifte auch gerne auf anderen Gegenständen ausprobiert.

Mit Wasserfarben, Fingerfarben oder auch Plakafarben lassen sich verschiedene Maltechniken anwenden, die im folgenden beschrieben werden. Legen Sie beim Malen am besten eine Wachsdecke unter und lassen Sie Ihr Kind eine Schürze oder ein altes Hemd tragen.

Faltbilder

Man nimmt ein Blatt Papier, faltet es in der Mitte, öffnet es wieder und gibt auf eine Hälfte verschiedene Farbkleckse. Dann faltet man die beiden Blatthälften, preßt sie aufeinander und öffnet sie wieder. Jetzt ist auf beiden Hälften das gleiche Muster erkennbar. Sie können zum Schluß noch die Form eines Schmetterlings aus dem Blatt ausschneiden.

Druckbilder

Drucke bieten viele Möglichkeiten, sie sind einfach herzustellen und das Erfolgserlebnis für Ihr Kind ist groß. Bestreichen Sie den jeweiligen Gegenstand, den Sie bzw. das Kind drucken möchten, mit Farbe und drücken Sie ihn dann auf ein Blatt Papier.

- Karotten oder Kartoffeln eignen sich gut zum Drucken. In Kartoffeln können Sie Muster schneiden, wie z.B. einen Stern oder eine Blume.
- Auch Blätter eignen sich aufgrund der vielen verschiedenen Formen und Strukturen sehr gut.
- Mit den eigenen Händen oder Füßen zu drucken, bereitet Kindern viel Spaß. Es ist ein eigenartiges Gefühl, wenn die Hand mit Farbe bestrichen und sie dann auf einem Blatt Papier sichbar wird.
- Sie können zum Drucken auch Materialien mit verschiedenen Strukturen verwenden, z.B.: Schwamm, Wellpappe, Kork, Holz oder Styropor sind auch sehr schön.

Strohhalmbilder

Für diese Pustebilder muß man Wasserfarben relativ stark verdünnen. Man gibt einen dicken Klecks Farbe auf ein Blatt Papier, so daß das Kind mit einem Strohhalm die Farbe in verschiedene Richtungen über das Papier blasen kann. Ist die Farbe verteilt, gibt man einen neuen Klecks einer anderen Farbe auf das Papier.

Mit Büchern auf Entdeckungsreise

Beim Betrachten von Bilderbüchern kann Ihr Kind von klein auf Neues entdecken und seinen Horizont erwei-

Bücher – nicht nur zur „guten Nacht"

tern. Darüber hinaus ist das Buch eine Möglichkeit, die Phantasie zu entwickeln. Bieten Sie Ihrem Kind immer wieder Bücher an, und nehmen Sie sich die Zeit, sie gemeinsam mit ihm anzuschauen und darüber zu sprechen. Lesen Sie ihm Geschichten vor – nicht nur zur „guten Nacht". So helfen Sie Ihrem Kind, seine Umwelt schrittweise kennen- und begreifenzulernen. Zugleich fördern Bücher die Sprachentwicklung und bereichern den Wortschatz Ihres Kindes.

Ob Ihr Kind später einmal Spaß am Lesen hat, entscheidet sich nicht erst in der Schule. Wer von klein auf den Umgang mit Büchern gewohnt ist, wird auch später gerne dazu greifen. Dabei ist das Vorbild der Eltern ganz wichtig. Deshalb: Gehen Sie mit gutem Beispiel voran.

Schon Babys haben Spaß an bunten Abbildungen. Da die ersten Bücher noch ziemlich strapaziert werden, sollten sie reißfest, stabil und abwischbar sein und ungiftige Farben verwenden. Für die ganz Kleinen gibt es handliche, kleine Bücher, die diese Kriterien erfüllen und außerdem mit abgerundeten Ecken ausgestattet sind. Auf festen Pappseiten findet Ihr Kind Gegenstände und Tiere aus seiner häuslichen Umgebung. Dem Auffassungsvermögen eines Babys entsprechend sollte auf jeder Seite jeweils nur ein Gegenstand oder ein Tier abgebildet sein. In diesem Alter faszinieren einfache und klare Formen sowie kräftige Farben.

Nehmen Sie Ihr Kind auf den Schoß und schauen Sie sich gemeinsam die Bilder an. Erklären Sie ihm die Begriffe. Mit der Zeit wird es bei Ihrer Frage: „Wo ist der Tisch?" mit einem stolzen „Da" von sich aus auf die richtige Abbildung zeigen. Ist Ihr Kind ein wenig älter, kann es die Dinge selbst benennen und Ihnen das Buch alleine „vorlesen".

Erste Bilderbücher

Wenn Sie Ihrem Kind zum ersten Mal ein Buch in die Hand geben, wird es das zunächst mit Auge, Hand und Mund erforschen. Lassen Sie ihm die Zeit, dieses neue Spielzeug kennenzulernen.

Badewannen-Begleiter

Besonders beliebt bei Kleinkindern sind Bücher aus Weichplastik, die wirklich alles mitmachen. Man kann sie knautschen, reißen, knicken und damit sogar im Wasser spielen. Da diese Badewannen-Begleiter schon für Babys gedacht sind, dominieren hier ebenfalls klare Formen, dunkle Konturen und bunte Farben. Mittlerweile gibt es solche Bücher mit einem zusätzlichen Quietsch-Effekt. Natürlich machen diese Bücher auch im Trockenen Spaß.

Spielen Sie „Dinge versenken". Beim gemeinsamen Planschen in der Wanne falten Sie das Badewannen-Buch entsprechend und lassen bewußt z.B. Ente, Ball und andere Abbildungen versinken. Ihr Kind darf die jeweiligen Seiten unters Wasser drücken.

Mit Büchern Erfahrungen sammeln und verarbeiten

Sobald Ihr Kind laufen kann, beginnt es, sich für komplexere Vorgänge aus seinem Alltag zu interessieren. Es ahmt jetzt alles nach, was Sie tun, und möchte überall helfen. Die Bilderbücher für diese Altersstufe können schon einfache Handlungen oder Beziehungen darstellen. Hier ist es ein Teddy, der das Kind in seine Welt mitnimmt und ihm zeigt, wie er sich anzieht, ißt oder spielt. Ihr Kind wird Bekanntes wiedererkennen und Neues entdecken und hinzulernen. So erweitert es seinen Erfahrungshorizont.

Wenn Sie sich mit Ihrem Kind solche Bücher anschauen, fragen Sie es zunächst nach den Bildern im Buch, *zum Beispiel: „Wo sind Teddys Schuhe?" Stellen Sie danach eine Beziehung zu Babys Welt her und fragen: „Wo sind deine Schuhe?"*

Teddy spielt", Egmont Pestalozzi Verlag

Bevor Sie die Verse vorlesen, lassen Sie Ihrem Kind genügend Zeit, die Seiten zu betrachten. Schildern Sie das Geschehen auch mit eigenen Worten, und stellen Sie Fragen. Verweilen Sie bei den einzelnen Seiten. Sie werden erstaunt sein, wieviel es zu entdecken gibt.

Spielerisch entdeckt Ihr Kind die Welt. Ob es im Babyalter die Rassel schwenkt, später Sandburgen baut oder Ihnen beim Putzen „hilft" – für Ihr Kind ist das alles ein Spiel, das es sehr ernst nimmt. Es spielt überall, besonders gern im Kinderzimmer, im Sandkasten, im Garten oder auf dem Spielplatz.

Bücher mit Suchhilfen

Registerstanzungen sind für das Kind eine Suchhilfe. Es findet dann seine liebste Seite schnell wieder. Die am Rand herausgehobenen Bildchen können auch zu Suchspielen verwendet werden.

Die Auffassungsgabe Ihres Kindes ist nun größer. Deshalb kann es etwa vom 15. Monat an auch schon mit Bildern umgehen, die mehrere Personen, Gegenstände oder Tiere in einer Szene zeigen. Achten Sie beim gemeinsamen Betrachten auf die Details. Wenn zum Beispiel auf dem Bild ein Kind die Rutsche hinunter rutscht, sagen Sie auch, daß es auf dem Bauch rutscht, die Arme nach vorne streckt und gleich mit den Händen im Sand landen wird. Beschreiben Sie die Kleidung der Kinder und anderes. So schulen Sie die Wahrnehmung und die Konzentrationsfähigkeit Ihres Kindes. Mit der Zeit wird es selbst Gefallen daran finden, die Bilder genau zu betrachten und immer wieder neue Einzelheiten zu entdecken.

„Kennst du meine Freunde", Egmont Pestalozzi Verlag

Ihr Kind betrachtet mit wachsendem Interesse Bücher, auf denen mehrere Dinge oder schon kleine Szenen abgebil-

Bücher mit Durchblick

det sind. Es lernt, Zusammenhänge zu erkennen. Beliebte Motive sind Tiere, der Bauernhof und das häusliche Umfeld. Besonders reizvoll werden die kleinen Entdeckungsreisen zum Beispiel bei Büchern mit ausgestanzten Gucklöchern. Auf diese Weise kann das Kind durch Fenster und Türen spähen und beim Umblättern sozusagen hinter die Kulissen schauen. Gleichzeitig wird sein Blick auf kleine Details gelenkt und somit seine Wahrnehmung weiter geschult. Auf einer Seite schaut beispielsweise das Pferd noch durch die Stalltür. Durch das Fenster sieht man eine Maus, durch das Loch im Zaun guckt ein Lamm. Solche Überraschungsmomente wecken die Neugierde Ihres Kindes.

Kleine Spiele fördern seinen Spaß an Bilderbüchern. Wenn Ihr Kind das Buch gut kennt, legen Sie kleine Zettel zwischen die Seiten, sodaß zum Beispiel die Tiere hinter den Gucklöchern verdeckt sind. Ihr Kind darf nun raten, wer sich dahinter verbirgt. Ziehen Sie dann das Papier weg. Richtig geraten? Vergessen Sie nicht, Ihr Kind für jeden kleinen Erfolg zu loben.

Auf das spielerische Moment setzen auch Bücher, bei denen Ihr Kind etwas auf- und zuklappen oder herausziehen kann. Bücher dieser Art sind jedoch noch nicht für die ganz Kleinen geeignet. Finden Sie heraus, wann Ihr Kind feinmotorisch so weit entwickelt und insgesamt reif genug ist, daß es tatsächlich vorgestanzte Formen aufklappt oder herauszieht, statt sie abzureißen. Dann allerdings wird es fasziniert sein, wie sich die Seiten durch sein Mitwirken verändern. Solche Bücher werden auch dann nicht uninteressant, wenn die Kinder bereits wissen, was sich zwischen den Seiten und hinter den Klappen versteckt. Im Gegenteil: Kinder lieben Wiederholungen und genießen den Erfolg, wenn sie zum Beispiel auf die Frage: „Was versteckt sich im Schilf?" richtig antworten können: „Mutter Ente und ihre Küken."

Bücher zum Ziehen und Ausklappen

Bücher können Ihrem Kind helfen, seine Umwelt besser zu verstehen und darin zurechtzukommen, indem sie

Bücher als Lebenshilfe

Alltagsprobleme aufgreifen. Sie können Antworten liefern oder zumindest das Gefühl vermitteln: „Du bist mit deinen Fragen und Sorgen nicht allein." Zum Beispiel bedeutet die Ankunft eines Geschwisterchens für ein Kind zunächst eine enorme Belastung. Während der Schwangerschaft kann es mit Mama gar nicht mehr richtig toben. Und ist der Neuankömmling erst einmal da, müssen Papa und Mama plötzlich geteilt werden. Mit Büchern können Sie Ihr Kind auf diese und andere Situationen (Arztbesuch, Umzug, Besuch bei Oma) vorbereiten bzw. neue Lebensabschnitte begleiten. Es findet Beispiele, die seinen eigenen Erlebnissen und Gefühlen ähneln, und erfährt Möglichkeiten, damit umzugehen.

Bücher aus der Erlebniswelt des Kindes regen zum Fragen und Erzählen an. Mit deren Hilfe können Sie mit Ihrem Kind ins Gespräch kommen, wenn es darum geht, veränderte Situationen zu verarbeiten. Machen Sie Angebote, aber überlassen Sie es Ihrem Kind, ob es sich mit dem Thema beschäftigen möchte.

Babys eigenes Bilderbuch

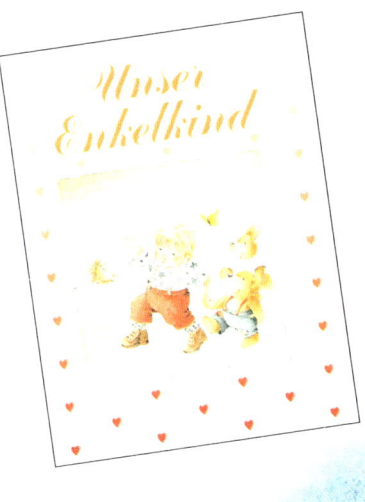

Zum Schluß noch ein Tip: Halten Sie die Entwicklung Ihres Kindes im ersten Lebensjahr Schritt für Schritt mit Fotos fest, die Sie in ein Album kleben. Sie schaffen so ein schönes Bilderbuch, in dem Ihr Kind später gerne blättern wird. Im Handel gibt es auch schon sogenannte Baby-Tagebücher mit hilfreichen Vorgaben und schönen Illustrationen. Sie ermöglichen Ihnen durch gezielte Fragen zur Entwicklung Ihres Babys, die Geschichte der ersten zwölf Monate in Worten und eigenen Fotos festzuhalten.

Wenn Sie wenig Zeit haben, das Tagebuch zu führen, können es vielleicht die Großeltern tun.

„Unser Enkelkind-Tagebuch", Egmont Pestalozzi Verlag

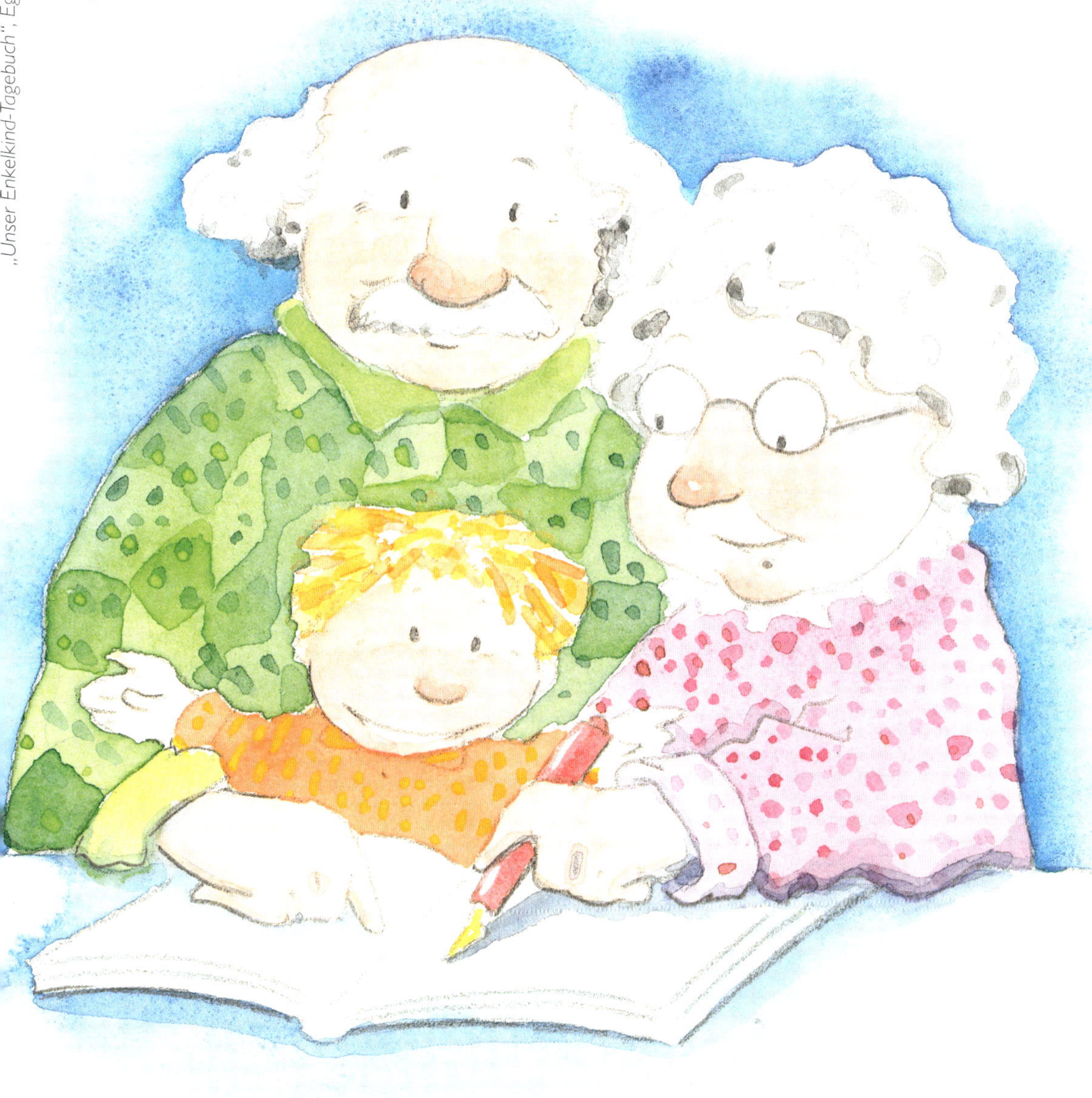

Die Vorurteile gegen Einzelkinder halten sich hartnäckig, obwohl wissenschaftliche Studien schon vor Jahren bewiesen haben, daß sie unbegründet sind. Einzelkinder haben sehr gute, in manchen Fällen sogar bessere Entwicklungsmöglichkeiten als Kinder aus größeren Familien. Fest

Ja zum Einzelkind

steht außerdem, daß es das typische Einzelkind nicht gibt.

Was das Sozialverhalten von Einzelkindern anbelangt, so haben Sie als Eltern viele Chancen, die Entwicklung Ihres Kindes positiv zu beeinflussen. Wie wichtig der Umgang mit anderen Kindern ist, können Sie im Kapitel „Vom Säugling zur Persönlichkeit" nachlesen. An dieser Stelle sei es nur noch einmal erwähnt: Es ist unerläßlich, daß sich Ihr Kind mit anderen Kindern auseinandersetzt, damit sich sein Sozialverhalten entwickelt. Das gilt bei Einzelkindern natürlich ganz besonders. Indem Sie Ihr Kind zu Krabbeltreffen, in Spielgruppen oder zur zeitweisen Betreuung in die Kindertagesstätte geben, ermöglichen Sie diesen Kontakt schon vor dem Kindergartenalter. Welche Betreuungsformen es gibt, lesen Sie ausführlich im Kapitel „Betreuung durch Dritte". Laden Sie außerdem so oft wie möglich Spielkameraden für Ihr Kind ein, damit es sich nicht ständig allein oder mit Erwachsenen beschäftigen muß.

Noch ein Geschwisterchen?

Eltern von Einzelkindern neigen öfter als Eltern von mehreren Kindern dazu, überfürsorglich und damit einschränkend zu werden. Fragen Sie sich hin und wieder, ob Sie Ihr Kind nicht zu sehr in den Mittelpunkt Ihres Lebens stellen. Je älter das Kind wird, um so mehr Freiräume braucht es, um sich frei entwickeln zu können.

Der Umfang an Arbeit erhält für die Eltern mit jedem weiteren Kind eine neue, vorher ungeahnte Dimension. Manche Eltern haben nach der Geburt des zweiten Kindes vielmehr das Gefühl, sie ertrinken in Arbeit. Andererseits bestätigen sie, daß sie viel sicherer und gelassener mit dem neuen Baby sind, als sie es beim ersten Kind waren.

Hilfe, wir ertrinken!

Die Vorteile und Erleichterungen, die ein Geschwisterkind bringt, stellen sich aber spätestens dann ein, wenn es zum Spielgefährten für das große Kind wird. Jedes neue Familienmitglied ist mit seinen ganz einmaligen und einzigartigen Eigenschaften und Fähigkeiten eine wunderbare Bereicherung für alle anderen. Das können sogar die „entthronten" älteren Kinder mit der Zeit einsehen und empfinden.

Es ist ganz einfach doppelt so viel Arbeit, morgens zwei Kinder zu waschen (oder zum Waschen zu überreden), anzuziehen und mit Frühstück zu versorgen. Den ganzen Tag über fordern zwei Kinder ihr Recht, wollen Bücher vorgelesen haben, möchten zur Freundin gefahren werden, bekommen einen Trotzanfall, brauchen Trost, haben Hunger und tausend andere Bedürfnisse mehr.

117

Es gibt keine Regel, wie viele Kinder eine Familie „am besten" haben sollte. Wichtig ist, daß Sie und Ihr Partner sich bewußt für den Familienzuwachs mit allen damit verbundenen Vor- und Nachteilen entscheiden.

Eins, zwei, drei, ganz viele!

Auch einen idealen Altersabstand gibt es nicht. Kommen die Kinder sehr dicht hintereinander zur Welt, dann stellt das Ihre Belastbarkeit als Eltern in den ersten Jahren auf eine harte Probe. Andererseits fangen die Kinder bald an, sich als echte Spielgefährten zu entdecken und ihre Kindheit und Jugendzeit gemeinsam zu durchleben. Das bedeutet für Sie dann wieder eine große Entlastung.

Ein Abstand von zwei Jahren ist deshalb problematisch, weil Ihr älteres Kind zwischen zwei und drei Jahren ohnehin in einer schwierigen Phase steckt. Die Kinder neigen zu heftigen Trotzanfällen und haben mit zwei Jahren noch nicht gelernt zu warten, wenn sie ein Bedürfnis haben. Rücksicht auf das Baby können Sie von Ihrem Kind deshalb nur sehr begrenzt verlangen. Andererseits ist der Altersabstand noch so gering, daß die Kinder viel gemeinsam spielen werden.
Bei einem Abstand von drei und mehr Jahren scheint es die wenigsten Konflikte zu geben. Ihr älteres Kind ist relativ selbständig, hat eigene Freunde und kann auf sein Glas Tee auch mal warten, bis das Baby gewickelt ist. Bei drei und mehr Jahren Altersunterschied kann es allerdings sein, daß die Bindung der Geschwister nicht so eng ist.

Die Eifersucht des älteren Kindes bei der Ankunft eines neuen Familienmitgliedes können Sie nicht vermeiden. Es merkt, daß das Baby viel Aufmerksamkeit von den Eltern bekommt. Dadurch fürchtet es, daß ihm mit der intensiven Zuwendung auch die Liebe der Eltern weggenommen wird. Daher ist es wichtig, sich nach der Geburt eines Geschwisterchens besonders viel Zeit für das ältere Kind zu nehmen. Lassen Sie das „große" Kind spüren, daß Sie es genauso lieb haben wie zuvor. Wenn das Baby schläft, sollten Sie sich nicht nur um den Haushalt kümmern. Lesen Sie zuerst ein Buch mit dem älteren Kind und gönnen Sie ihm, seine Mama oder seinen Papa einmal wieder ganz für sich allein zu haben.

Eifersucht

Sprechen Sie auch vor der Geburt schon oft von der bevorstehenden Ankunft des Babys. Verlangen Sie aber unmittelbar nach der Geburt nicht, daß Ihr Kind besonders begeistert reagiert. Vielleicht braucht es etwas Zeit. Bitten Sie auch Freunde und Verwandte, daß sie vor lauter Freude über das Baby nicht vergessen, das ältere Kind zu beachten. Wichtiger als das große Geschenk für den neuen Erdenbürger ist eine kleine Aufmerksamkeit und Zuwendung für das ältere Geschwisterkind.
Außerdem sollten Sie dafür sorgen, daß das größere Kind auch ab und zu in aller Ruhe malen, bauen und spielen kann. Achten Sie darauf, daß das freundliche kleine Krabbelbaby ihm nicht immer dazwischen funkt.
Verstärken Sie die positiven Gefühle der Geschwister zueinander. Vielleicht können Sie die Blicke und Laute des Babys für das große Geschwisterkind deuten. „Siehst du, wie dein Schwesterchen dich anstrahlt?", könnten Sie fragen, wenn sich das Baby dem größeren Kind erfreut zuwendet. „Sie will immer in deiner Nähe sein, sie findet dich ganz toll!"

Die Eifersucht der „Großen" kann sich auf ganz unterschiedliche Weise äußern. Manche Kinder verlangen mit drei oder vier Jahren plötzlich wieder einen Schnuller, wenn ein neues Familienmitglied angekommen ist.

Wie äußert sich die Eifersucht?

Andere nässen vorübergehend wieder ein. Viele Kinder reagieren gar nicht direkt aggressiv gegen das Baby, sondern scheinen sich mit heftigen Trotzanfällen oder Anklammern gegen die Eltern zu richten. Und so ist es ja auch tatsächlich: Es sind die Eltern, von denen das ältere Kind die gleiche Zuwendung und Liebe einfordert, die es vor der Geburt des Babys erfahren hat. Manche Kinder werden auch plötzlich in der Spielgruppe auffallend aggressiver als zuvor, obwohl sie zu ihrem Geschwisterchen rührend lieb sind.

Versuchen Sie, sich in Ihr „großes", Kind hineinzuversetzen. Wenn Sie empört und verärgert auf seine Eifersucht reagieren, wird das Kind sich noch unglücklicher fühlen. Es ist überzeugt, daß Sie es nun wirklich nicht mehr so lieb haben wie vorher.

So wichtig es einerseits ist, daß Sie eine harmonische Geschwisterbeziehung fördern, so notwendig ist es andererseits,

Freunde

daß Sie jedem einzelnen Kind den Umgang mit Gleichaltrigen ermöglichen. Freundschaften außerhalb der Geschwisterbeziehung sind für die Enntwicklung Ihres Kindes wichtig. Und nach einem Nachmittag im Haus der besten Freundin freut sich die ältere Schwester vielleicht wieder richtig auf das Spiel mit dem jüngeren Bruder – und umgekehrt. Das gilt übrigens auch für Mehrlinge. Zwillinge spielen in aller Regel sehr intensiv miteinander. Es hat den Anschein, als bräuchten Sie gar keine anderen Spielgefährten. Das ist aber ein Trugschluß. Eigene Freunde und vielfältige Kontakte zu anderen Kindern sind auch für Zwillinge notwendig!

Literaturliste

Plötzlich zu dritt

Benard, Cheryl; Schlaffer, Edith:
Sagt uns, wo die Väter sind.
Von der Arbeitssucht und Fahnenflucht
des zweiten Elternteils.
Rowohlt Verlag Reinbek 1991

Bullinger, Hermann:
Wenn Paare Eltern werden.
Die Beziehung zwischen Mann und Frau
nach der Geburt ihres Kindes.
Rowohlt Taschenbuch Verlag Reinbek
1997

*Ernst, Andrea; Herbst, Vera; Langbein, Kurt;
Skalnik, Christian:*
Kursbuch Kinder.
Kiepenheuer & Witsch Köln 1993

*Kast-Zahn, Annette,
Morgenroth, Hartmut:*
Jedes Kind kann schlafen lernen.
O & P Verlag Ratingen 1997

Martin, Annette:
Windeln & Wahnsinn.
Reclam Verlag Leipzig 1998

Schlenz, Kester:
Mensch, Papa!
Vater werden – das letzte Abenteuer.
Ein Mann erzählt.
Mosaik Verlag München 1994

Schlenz, Kester:
Bleib locker, Papa!.
Mosaik Verlag München 1998

Rückbildungsgymnastik

Keller, Lieselotte:
Rückbildungsgymnastik.
Falkenverlag Niedernhausen 1994/95

Stillen – das Wunder zwischen Mutter und Kind

Lothrop, Hannah:
Das Stillbuch.
Kösel Verlag München 1997

Nees-Delaval, Barbara:
**Die natürlichste Sache der Welt:
Stillen.**
Falkenverlag Niedernhausen 1998

Weigert, Vivian:
**Stillen – die schönste Zeit
mit dem Baby.**
Mosaik Verlag München 1998

Die Ernährung nach dem Stillen

v. Cramm, Dagmar:
Kochen für Babys.
Gräfe und Unzer Verlag München 1997

v. Cramm, Dagmar:
Was Kinder gerne essen.
Rezepte für Klein- und Schulkinder.
Gräfe und Unzer Verlag München 1991

*Katalyse e.V. Institut für angewandte
Umweltforschung (Hrsg.):*
Kinderernährung.
Ernährung in Schwangerschaft und Still-
zeit, Säuglings- und Kleinkinderernährung.
Verlag Kiepenheuer & Witsch Köln 1995

Niessen, K.-H. (Hrsg.):
Ernährung des Säuglings.
Ernährungsinformation über das erste
Lebensjahr.
Georg Thieme Verlag Stuttgart 1995

Wachtel, Ursula; Hilgarth, Rosemarie:
**Ernährung und Diätetik in Pädiatrie
und Jugendmedizin. Band 1.**
Ernährung vom Säugling bis zum Jugend-
lichen.
Für alle, die fachliche Hintergründe haben
möchten.
Georg Thieme Verlag Stuttgart 1994

Kleine Wehwehchen mit Hausmitteln heilen

Keudel, Helmut:
Der große GU-Ratgeber Kinderkrankheiten.
Gräfe und Unzer Verlag München 1997

Stellmann, H. Michael:
Kinderkrankheiten natürlich behandeln.
Gräfe und Unzer Verlag München 1998

Stoppard, Miriam:
Das große Buch der Kinderkrankheiten.
Ravensburger Buchverlag Ravensburg 1998

Bewegung für Eltern und Kind

Walker, Peter:
Babymassage.
Streicheleinheiten für Körper und Seele.
Mosaik Verlag GmbH München 1998

Zimmer, Renate:
Kreative Bewegungsspiele.
Psychomotorische Förderung im Kindergarten.
Herder Verlag Freiburg, Basel, Wien 1989

Zukunft-Huber, Barbara:
Moderne Säuglingsgymnastik.
Spiele und Übungen zur Bewegungsförderung.
Erkennen von Fehlentwicklungen.
Vor- und Nachteile von „Babygeräten".
Georg Thieme Verlag Stuttgart 1982, 1989

Kleine Kinder gehören am besten zur Mutter – oder?

Jansen, Margit; Seibert, Ulrike:
Erfolgsrezepte für Mütter, die beides wollen: Kinder und Job.
Rowohlt Taschenbuch Verlag Reinbek 1997

Sommerfeld, Verena:
Die richtige Lösung für Kinder von null bis drei Jahren.
Babysitter, Tagesmutter, Krippe ... .
Rowohlt Taschenbuch Verlag Reinbek 1997

Vom Säugling zur Persönlichkeit

Diekemeyer, Ulrich:
Das Elternbuch 1 – 4.
Rowohlt Verlag Reinbek 1992

König, Karl:
Die ersten drei Jahre des Kindes.
Erwerb des aufrechten Ganges, Erlernen der Muttersprache, Erwachen des Denkens.
Fischer Verlag 1984

Kohnstamm, Rita:
Praktische Kinderpsychologie.
Eine Einführung für Eltern, Erzieher und Lehrer.
Hans Huber Verlag 1985

Sichtermann, Barbara:
Leben mit einem Neugeborenen.
Ein Buch über das erste halbe Jahr.
Fischer Verlag 1994

Sichtermann, Barbara:
Vorsicht, Kind.
Eine Arbeitsplatzbeschreibung für Mütter, Väter und andere.
Klaus Wagenbach Verlag 1983

Stern, Daniel N.:
Tagebuch eines Babys.
Was ein Kind sieht, spürt, fühlt und denkt.
Piper Verlag 1993

Austermann, Marianne; Wohlleben, Gesa:
Zehn kleine Krabbelfinger.
Spiel und Spaß mit unseren Kleinsten.
Kösel Verlag GmbH München 1989

Barff, Ursula:
Lauter tolle Sachen, die Kinder gerne machen.
Falken Verlag 1993

Hilsberg, Regina:
Körpergefühl.
Die Wurzeln der Kommunikation zwischen Eltern und Kind. Rowohlt Verlag Reinbek 1985

Münchmeier, Anne-Bärbel:
Spielen mit kleinen Kindern und Babys.
Rowohlt Verlag Reinbek 1984

Pousset, Raimund:
Fingerspiele und andere Kinkerlitzchen.
Spiel-Lust mit kleinen Kindern.
Rowohlt Verlag Reinbek 1983

Volksgut:
Hopp, hopp, hopp, Pferdchen, lauf Galopp.
Illustriert von Marion Krätschmer,
Egmont Pestalozzi Verlag Erlangen 1998

Volksgut:
Die schönsten Kinderlieder, Fingerspiele, Abzählreime und Kniereiterverse.
Egmont Pestalozzi Verlag Erlangen 1997

Wellings-Scharf:
Eltern-Kind-Gruppen.
Tips und Spielideen vom Säuglingsalter bis zum dritten Lebensjahr.
Rowohlt Verlag Reinbek 1994

Broschüren

- Von Anfang an.
Informationen und Tips zur Säuglings- und Kleinkindernährung.
- Vollwertig essen und trinken nach den 10 Regeln der DGE.
- Empfehlungen für die Ernährung von Säuglingen.
- Empfehlungen für die Ernährung von Klein- und Schulkindern.

Zu beziehen bei:
Deutsche Gesellschaft für Ernährung e.V. (DGE)
Im Vogelsgesang 40
60488 Frankfurt/M.
📞 0 69 / 98 67 03-0
📠 0 69 / 97 68 03 - 99
Internet: http://www.dge.de

- Gesunde Ernährung von Anfang an.
Für Säuglinge und Kleinkinder.
- Bärenstarke Kinderkost (Für Kinder ab dem 2. Lebensjahr. Enthält u.a. eine Liste der für die Säuglingsnahrung geeigneten Mineralwässer.)

Zu beziehen bei:
Arbeitsgemeinschaft der Verbraucherverbände e.V.
Broschürendienst
Postfach 1116
59930 Olsberg
📞 0 29 62/ 90 86 47
📠 0 29 62/ 90 86 49

- Zuerst die Milch! Und wann der Brei?
Wissenswertes für das erste Lebensjahr
Zu beziehen bei: Ihrer BARMER-Geschäftsstelle

- Zurück in den Beruf
Zu beziehen bei:
Bundesministerium für Familie, Senioren, Frauen und Jugend
53107 Bonn

- Sonderhefte Kleinkinder
Zu beziehen bei: Öko-Test Magazin
Kasseler Straße 1 A
60486 Frankfurt/Main
📞 0 69/ 9 77 77 - 0
📠 0 69/ 9 77 77 - 139
Internet: http://www.oekotest.de

- Stiftung Warentest
Lützowplatz 11 - 13
10785 Berlin
📞 0 30/ 26 23 014
📠 0 30/ 26 11 074
Internet: http://www.warentest.de

Adressen

Beratungs- und Informationsstellen:

**Arbeitsgemeinschaft Freier
Stillgruppen Bundesverband e.V.**
Gertraudgasse 4
97070 Würzburg
☎ 09 31/ 57 34 93
🖷 09 31/ 57 34 94
Internet: http://www.stillen.org

La Leche Liga Deutschland e.V.
Stillberatung
Hartmuthstraße 9
61476 Kronberg
☎ 0 61 73 / 7 99 58
🖷 0 61 73 / 7 99 58
Internet: http://carpenet.de

**Arbeitsgemeinschaft
Allergiekrankes Kind**
Hilfen für Kinder mit Asthma, Ekzem oder
Heuschnupfen e.V.
Nassaustraße 32
35745 Herborn
☎ 0 27 72 / 92 87 - 0
🖷 0 27 72 / 92 87 - 48
Internet: http://www.aak.de

**Deutscher Allergie-
und Asthmabund e.V.**
Hindenburgstraße 110
41061 Mönchengladbach
☎ 0 21 61 / 8 1 4 94 - 0
🖷 0 21 61 / 20 85 02
Internet: http://www.daab.de

**Verband Deutscher
Mineralbrunnen e.V.**
Kennedyallee 28
53175 Bonn
☎ 02 28 / 9 59 90 - 0
🖷 02 28 / 37 34 53
(Informationen über Mineralwässer, die
für die Säuglingsernährung geeignet sind)
Internet:http://www.mineralwasser.com

**Euro-Practica Verein zur Förderung
der europäischen Integration e.V.**
Hindenburgstraße 8
45127 Essen
☎ 02 01 / 8 20 52 - 0
🖷 02 01 / 20 00 63
und
St.-Petersburger-Straße 15
01069 Dresden
☎ 03 51 / 4 63 70 16
🖷 03 51 / 4 63 70 16

**Gesellschaft für Internationale
Jugendkontakte e.V.**
Ubierstraße 94
53173 Bonn
☎ 02 28 / 9 57 30-0
🖷 02 28 / 9 57 30-10
Internet: http://www.gijk.com

Notrufnummern

Tip: Speichern Sie die Notrufnummern in
Ihrem Telefon!

Notarzt: 112

Bei Giftunfällen:

Folgende Rufnummer 03 61 / 73 07 30
gilt einheitlich für:
Mecklenburg-Vorpommern
Sachsen
Sachsen-Anhalt
Thüringen

Im übrigen Bundesgebiet wählen Sie bitte
eine der folgenden Vorwahlen und einheitlich die Rufnummer:

		1 92 40
Berlin	030 -	
Göttingen	05 51 -	
Mainz	0 61 31 -	
Homburg	0 68 41 -	
Freiburg	07 61 -	
München	0 89 -	

Sachregister